군중심리

Psychologie des foules

PARIS

FÉLIX ALCAN, ÉDITEUR

ANCIENNE LIBRAIRIE GERMER BAILLIÈRE ET Cie

108, BOULEVARD SAINT-GERMAIN, 108

1905

군중심리
Psychologie des foules

군중에게 환상을 품게 만드는 자는 그들의 주인이 되며,
군중을 각성시키려 드는 자는 그들의 희생양이 된다!

W미디어

contents

제2부 군중의 신념과 여론

contents

제**3**부 군중의 다양한 범주 : 그 분류와 설명

 한 민족의 구성원 모두에게 세습적으로 부여되는 공통적 특성들의 집합이 그 민족의 영혼을 형성한다. 그런데 다수의 개인들이 모여 군중을 이룰 때, 그들의 집합 자체에서 기인한 새로운 심리적 특징들이 나타나 민족성 위에 겹쳐지는데, 때때로 이 특징들은 기존의 민족적 성격과 매우 다른 양상을 띤다.

조직된 군중은 한 민족의 생애에서 언제나 중대한 역할을 행사해왔지만, 그 어느 때도 오늘날만큼 큰 비중을 차지했던 적은 없었다. 개인의 의식적 행위를 대체하는 군중의 무의식적 행동은 당대의 주된 특징 중 하나이다.

나는 수많은 여론과 이론 및 교리 등을 멀리 한 채 오직 과학적 방법론만으로 군중이라는 난제에 접근하고자 했다. 이것이야말로 몇 조각의 진리나마 발견할 수 있는 유일한 길이라고 생각한다. 게다가 지성을 열광케 하는 문제일 경우엔 더욱 그러하다. 어떤 현상을 탐구하고자 하는 학자는 자신의 연구 결과와 충돌할 수도 있는 이해관계 따위에 신경 쓸 필요가 없다. 내가 그 어떤 학파에도 소속되기를 거부하는 이유는 학파에 소속된다는 것이 필연적으로 그 학파의 편견과 선입관을 받아들이는 것이기 때문이다.

한편, 왜 이따금 내 연구에서 피상적으로 짐작되는 것과는 다른 결론들이 도출되는지에 대해 설명해야 할 것이다. 예를 들면, 엘리트 집단까지 포함한 모든 군중이 정신적으로 지극히 열등한 존재임을 검토한 후, 그럼에도 불구하고 군중의 조직을 건드리는 것은 위험한 일이라고 주장하는 것 등이다.

역사적 사건들을 면밀히 관찰한 결과, 나는 인체의 구조만큼이나 복잡한 사회 구조를 갑자기 송두리째 변화시키는 일은 절대 인간의 능력으로 해낼 수 없음을 확인하였다. 자연은 과격하지만 결코 우리가 생각하는 만큼은 아니다. 그렇기에 위대한 혁신에 대한 집착은 이론적으로 훌륭해 보일지는 몰라도, 한 나라의 국민에게 있어서 무엇보다 불길한 것이다.

국가의 영혼을 순식간에 바꿀 수 있다면 개혁은 충분히 유용할 테지만, 그런 힘을 갖고 있는 것은 오직 시간뿐이다. 인간을 지배하는 사상, 감정, 관습 등은 모두 우리 내부에 있는 것들이다. 법과 제도는 우리 영혼의 발로이며, 그 요구들의 발현이다. 영혼의 소산인 법과 제도가 영혼을 바꿀 수는 없으리라.

사회 현상을 연구하는 철학자는 그것이 이론적 가치뿐 아니라 실천적 가치 또한 지니고 있으며, 문명의 진화라는 관점에서는 오직 이 실천적 가치만이 진정한 의미를 지닌다는 사실을 염두에 두어야 한다. 이는 논리에 의해 우선적으로 제시된 것처럼 보이는 결론들 앞에서 그를 무척 신중하게 만들 것이다.

그에게 이러한 조심성을 강요하는 동기들은 또 있다. 사회적 사건들은 너무도 복잡하여 전체를 포괄적으로 파악할 수 없을 뿐 아니라 그들 간의 상호작용이 초래하는 결과를 예측하는 것이 불가능하다. 마찬가지로 가시적인 사회 현상들은 대개 인간이 해석할 수 있는 범주를 넘어서는 엄청난 무의식적 작업의 결과인 듯하다. 눈에 드러나지 않는 수많은 요인들이 그 뒤에 감춰져 있는 것이다. 인지 가능한 현상들이란 우리가 알지 못하는 지하의 격동을 대양의 수면 위에서 표출해내는 파도에 비유될 수 있다.

한편, 군중의 행위 가운데는 다른 신비로운 힘에 이끌려 저질러지는 듯 보이는 것들도 있다. 옛날 사람들은 운명, 자연, 섭리라 불렀고, 지금 우리는 망자(亡者)의 소리라 부르는 이 힘은 비록 그것의 기원을 알 수 없지만 그 위력만큼은 가벼이 여길 수 없을 것이다. 때로는 국가의 중심에 그것을 인도하는 잠재적 힘이 존재하는 듯하다.

예를 들어, 언어보다 더 복잡하고, 더 논리적이며, 더 경이로운 것이 또 있는가? 이토록 섬세하며 훌륭하게 조직된 언어가 군중의 무의식적 영혼이 아니라면 대체 어디에서 연유한단 말인가? 가장 뛰어난 학회, 가장 존경받는 문법학자도 언어를 지배하는 법칙들을 어렵사리 기록할 뿐 결코 그것을 창조할 수는 없으리라. 위대한 인간들의 천재적 사상들조차도 과연 그들만의 업적이라고 확신할 수 있을까?

물론 이러한 생각들이 언제나 고독한 지성에 의해 싹튼 것임엔 틀림없다. 그러나 이 관념들이 뿌리내린 깊은 충적층은 바로 군중의 영혼에 의해 형성된 것이 아니었던가?

군중이 항상 무의식적임은 분명하지만, 바로 이러한 무의식이야말로 어쩌면 그들이 지닌 힘의 비결일지도 모른다. 인류에게 이성이란 너무나 새로운 것이며, 무의식의 법칙을 깨우쳐주기엔 — 더욱이 그것을 대체하기엔 — 너무나 불완전한 것이다. 우리의 모든 행위 속에서 매우 거대한 영역을 관할하는 무의식은 여전히 미지의 힘으로 작용한다. 그에 비해 이성은 아주 적은 부분을 차지할 뿐이다.

그러므로 과학이 알 수 있는 좁지만 확실한 사물의 한계 안에 머물고자 한다면, 그리고 모호한 추측과 헛된 가설 속에서 헤매지 않기를 원한다면 그저 우리가 접근할 수 있는 현상들만을 탐구해야 하며, 그것만으로 만족해야 한다. 우리의 관측으로부터 도출된 결론은 대개 미숙한 것이다. 왜냐하면 우리에게 잘 보이는 현상들 뒤에는 제대로 보이지 않는 다른 현상들이 있고, 또 그 뒤에는 어쩌면 전혀 보이지 않는 현상들이 존재할 것이기 때문이다.

서론 : 군중의 시대

　　로마 제국의 붕괴 및 아랍 제국의 형성 등 문명
의 변화를 견인한 커다란 격동들은 언뜻 봐서는 민중의 봉기, 혹
은 왕조의 몰락과 같은 주요한 정치 변동에 의해 유발된 것처럼
보인다. 그러나 이러한 사건들을 좀 더 자세히 살펴보면, 표면적
으로 드러나는 요인들 뒤에 민중 사상의 근본적 변화라는 실질적
원인이 자리 잡고 있음을 알 수 있다. 진정한 역사적 격동은 그 엄
청난 규모나 폭력성으로 우리를 놀라게 하는 것이 아니다.

　　문명의 쇄신을 불러오는 중요한 변화들은 사상과 개념, 그리고
신념 안에서 일어난다. 역사 속에 길이 남을 기념비적 사건들은
인간 사상의 보이지 않는 변화의 가시적 결과이며, 이런 대규모
사건들의 발생 빈도가 낮은 까닭은 한 민족에게 있어서 사상의 세
습적 기반만큼 안정적인 것이 없기 때문이다.

　　현대는 인류 사상이 변화를 겪는 결정적 시기 중 하나이다. 이
변화의 기저를 이루는 두 가지 근본 요인이 있다. 첫째, 우리 문명
의 제반 요소를 파생시키는 종교적, 정치적, 사회적 신조들의 붕

괴이다. 둘째, 과학과 산업의 현대적 발견들로 인해 완전히 새로운 사상적 환경, 존재적 조건들이 형성되고 있다는 사실이다.

비록 절반이 파괴되었으나 여전한 위력을 과시하는 구시대의 통념들과, 곧 그것을 대체하겠지만 아직은 생성중인 관념들 사이에서 현대는 무정부적이며 과도기적인 양상을 보인다.

어쩔 수 없이 조금은 혼돈스러운 이 시기로부터 과연 무엇이 도래할 지를 말하기란 지금으로선 쉽지 않으며, 우리를 계승할 사회가 과연 어떠한 근본 사상 위에 건립될는지 아직 아무도 모른다. 그러나 충분히 예견할 수 있는 점은 새로운 사회의 편성에서 한 몫을 담당할 새로운 세력이 있다는 사실이다. 근대의 마지막 최고 권력이 될 혁신적 힘, 바로 군중의 힘이다.

과거에는 진실로 여겨졌으나 오늘날 사라져버린 수많은 사상의 잔해와, 혁명이 차례로 부숴버린 권력의 폐허 위에 오직 군중의 힘만이 유일하게 살아남았으며, 머지않아 다른 모든 힘들을 흡수할 것처럼 보인다. 우리의 오랜 신념들이 모두 흔들리고 사라지며, 사회를 지지하던 낡은 기둥들이 하나 둘씩 무너지는 이 때 군중의 위력은 그 무엇으로부터도 위협받지 않는 유일한 힘이며, 그 위엄은 점점 커져만 간다. 우리가 진입하고 있는 이 시기는 진정한 군중의 시대가 될 것이다.

겨우 한 세기 전만 해도 굵직굵직한 사건들의 주요인은 국가의 전통적 정책 및 왕족 간의 경쟁이었다. 군중의 견해는 거의 고려되지 않았으며, 흔히 전혀 무의미한 것으로 치부되곤 했다. 오늘날 정치적 전통이나 최고 통치자의 개인적 성향, 그리고 지배층 내의 경쟁 관계 등은 그리 중요치 않다. 오히려 그보다 우위에 있는 것은 다름 아닌 군중의 소리이다. 왕이 귀 기울이는, 왕의 행동을 규정하는 소리. 국가의 운명은 더 이상 왕족 회의가 아닌 군중의 영혼 안에서 준비되고 있는 것이다.

대중 계급의 정치 무대 진출, 즉 지도층으로의 점진적 변화는 과도기에 있는 우리 시대의 가장 두드러진 특징 중 하나이다. 그러나 오랫동안 별 영향력을 행사하지 못했던 보통선거 제도가 이러한 대중 정치의 도래를 상징하는 것은 아니다.

군중의 힘은 무엇보다 먼저 그들의 정신 속에 서서히 뿌리내린 특정 사상들의 전파에 의해, 그리고 이론에 지나지 않던 개념들을 실현시키는 개개인들의 단계적 연합에 의해 탄생되었다. 이러한 연합은 군중들로 하여금 자신들의 이익에 관해 아주 정확하진 않더라도 최소한 매우 확고한 생각을 품게 하는 한편, 그들의 힘에 대한 자각을 가능케 하였다.

그들은 노동조합을 만들어 모든 권력을 차례로 복종시키고, 경제법들이 있음에도 불구하고 조합 사무실을 차려 노동과 임금에 관한 조건들을 스스로 관리하려 든다. 군중은 자발적이지도 독립적이지도 못한 대표들을 정부 의회로 보내는데, 이들은 대개 자신을 선출한 단체의 대변인 노릇을 하는 데 그친다.

오늘날 군중은 자신들의 요구를 점점 더 명확하게 드러내고 있으며, 문명의 해가 떠오르기 전 모든 인간 집단의 보편 상태였던 원시 공산주의 단계로 되돌리기 위해 현 사회를 완벽하게 무너뜨리려 하고 있다. 노동 시간의 제한 및 광산, 철도, 공장, 토지의 공용 징수, 생산물의 고른 분배, 민중 계급을 위한 상위 계급의 도태 등이 바로 그들의 요구이다.

군중은 이성적 사고에는 무능한 반면 뛰어난 행동력을 보이는데, 현재의 조직은 그들의 힘을 더욱 강화시킨다. 우리 눈앞에서 생성되고 있는 새로운 신조들은 머지않아 기존의 도그마들이 지니던 힘, 즉 논의의 여지를 남기지 않는 폭군적 절대 권력을 얻게 될 것이다. 군중의 신적 권리는 왕의 초월적 권한을 대체할 것이다.

부르주아지로부터 총애 받으며 다소 편협한 그들의 생각과 근시안적 사고, 피상적 회의주의와 가끔씩 도를 지나치는 이기주의를 가장 잘 대변해오던 문필가들은, 이제 막 성장하는 새로운 권력 앞에서 몹시 불안해하며 정신적 공황과 싸우기 위해 자신들이 과거에 그리도 업신여기던 교회의 도덕적 힘에 절망적으로 호소하고 있다.

뼛속 깊이 회개한 채 로마에서 돌아온 그들은 과학의 파산을 말하며, 우리에게 종교적 가르침을 환기시키려 한다. 그러나 신의 은총이 정말 그들을 감화시켰다 할지라도 내세의 걱정거리에는 별 관심이 없는 영혼들에게까지 마찬가지의 영향력을 미치지는 못하리라는 것을, 이 새로운 개종자들은 잊고 있다. 돌이키기엔 너무 늦었다.

민중은 더 이상 과거에 자신의 주인이 부정하고 파괴하려 들던 신을 원치 않는다. 신도, 인간도 강물을 역류하게 할 만한 힘을 갖고 있지는 않다.

과학은 파산하지 않았으며, 현재의 정신적 무정부 상태나 그 안에서 커가는 새로운 세력과는 아무 관련이 없다. 과학은 우리에게 진실을 — 적어도 우리의 지성이 간파할 수 있는 관계들에 대한 지식을 — 약속했을 뿐 결코 평화나 행복을 보장하지는 않았다. 우리의 감정에 철저히 무관심한 과학은 우리의 탄식 따위는 듣지 않는다. 그 무엇도 과학이 쫓아버린 환상들을 다시 불러오지는 못할 것이다.

군중의 힘이 얼마나 빠르게 강화되고 있는지를 보여주는 범세계적 징후들은 모든 국가에서 발견되며, 조만간 이러한 현상이 멎을 것이라 짐작해볼 여지를 남기지 않는다. 어떤 결과를 초래하든 우리는 따를 수밖에 없으리라.

군중의 힘을 부정하는 모든 논평은 그저 텅 빈 말들에 지나지 않는다. 물론 군중의 도래는 서구 문명의 마지막 단계 중 하나를 표상할 수도 있고, 새로운 사회의 탄생 이전에 늘 나타나는 혼란스런 무정부 상태로의 회귀를 의미할 수도 있다. 그러나 그것을 어떻게 막겠는가?

낡아빠진 문명을 가차 없이 파괴하는 일은 지금까지 군중이 맡아온 가장 분명한 역할이었다. 사실, 이러한 역할이 세상에 등장한 것이 비단 오늘날의 일만은 아니다. 한 문명은 그 기반을 이루던 도덕적 힘들이 세력을 상실하는 순간, 무의식적이고 난폭하며 그저 야만인이라 불릴 만한 군중에 의해 철저히 붕괴된다는 것을 역사는 우리에게 보여주었다.

이제껏 문명은 군중이 아닌 소수 인텔리 귀족층에 의해 성립되고 이끌어져 왔다. 군중의 힘은 오직 파괴를 위해 발산되며, 그들의 지배에는 언제나 무질서한 측면이 있다. 문명은 고정된 규칙, 규범, 본능에서 이성으로의 이동, 미래의 예측, 향상된 수준의 문화 등 방종한 군중들로서는 결코 범접할 수 없는 조건들을 전제로 한다. 그저 파괴적인 힘을 지닌 군중은 마치 쇠약해진 육체나 시신들을 분해하는 미생물처럼 행동한다. 한 문명의 체계가 노후해질 때 그것의 와해를 유발하는 주체는 언제나 군중이며, 그들의 주된 역할이 드러나는 그 순간에는 오로지 다수의 맹목적 힘만이 역사를 움직이는 유일한 철학인 듯 보인다.

우리의 문명 또한 마찬가지일까? 염려할 수는 있어도 아직은 알 수 없다. 군중을 제지할 수도 있었던 모든 방벽들은 선견지명의 결여로 인해 차례로 무너졌기 때문에 우리는 그들의 통치에 따르는 것을 감수해야만 한다.

무척이나 많이 언급되기 시작한 군중에 대해 우리는 잘 알지 못한다. 군중으로부터 동떨어진 채 살아온 심리학 전문가들은 언제나 그들을 경시했으며, 오직 그들이 저지를 수 있는 범죄를 연구할 때에만 그들에게 관심을 기울였다. 물론 범죄를 저지르는 군중도 있기는 하지만, 마찬가지로 고결하거나 영웅적인 군중, 또 다른 유형의 군중들 역시 존재한다. 범죄는 군중 심리를 구성하는 하나의 특수한 경우일 뿐이다. 한 개인의 악행을 묘사함으로써 그의 정신 구조에 대해 완전히 파악할 수 없듯, 단지 범죄를 연구하는 것만으로 군중의 정신 구조에 대해 더 잘 알게 되지는 않을 것이다.

그럼에도 불구하고 세계의 모든 지도자, 종교 및 제국의 설립자, 모든 신앙의 사도들, 걸출한 정치가들, 그리고 더 소박한 범위에서는 소규모 인간 집단의 단순한 수장들조차도 군중의 집단혼에 관해 본능적으로 이해했으며, 대개는 꽤 확실하게 파악하는 무의식적 심리 분석가였다. 바로 이 때문에 그들은 그토록 쉽게 한 무리의 지도자가 될 수 있었던 것이다.

나폴레옹(Napoléon Bonaparte, 1769-1821)은 자신이 지배한 국가의 군중 심리를 기막히게 간파하였으나, 가끔씩 이민족 군중의 심리에 대해서는 철저히 그 중요성을 등한시했고(주 — 더구나 그의 가장 섬세한 조언자들조차도 이민족 군중 심리에 대해 그리 많은 것을 이해하지는 못했다. 탈레랑(Charles-Maurice de Talleyrand-Périgord, 1754-1838)은 그에게 "스페인은 그의 군인들을 구원자로 받아들이며 환영할 것이다."라고 편지했으나, 실제로 그들은 마치 야수를 대하듯 나폴레옹의 군대를 받아들였다. 스페인 민족의 유전적 본성에 관한 식견을 갖춘 심리학자라면 쉽게 그것을 예측할 수 있었을 것이다), 결국 자신의 몰락을 초래할 스페인 및 러시아와의 전쟁을 감행하였다.

군중을 통치하는 일은 이제 너무나 어려워졌지만, 적어도 그들의 손 안에서 전적으로 무기력해지는 상황만큼은 피하고 싶다면 그들의 심리를 제대로 인식해야 한다. 이것이 오늘날 국가 원수들이 기댈 수 있는 마지막 방편이다.

군중의 심리를 깊이 관찰해보면 법률이나 제도 등은 그들의 충동적인 성향에 거의 영향을 미치지 않으며, 군중은 자신들에게 제시된 것 이외에 어떠한 견해를 갖는 데 있어 매우 무능하다는 사실을 알 수 있다. 순전히 이론적인 공정성으로부터 파생된 규범들은 그들을 이끌지 못하며, 오로지 그들의 집단의식 안에서 생성되는 인상들만이 그들을 유혹할 수 있다. 예를 들어, 만약 어떤 입법자가 새로운 세제(稅制)를 도입하기 원한다면 그는 이론적으로 가장 정당한 것을 택해야 할까?

결코 그렇지 않다. 실질적으로는 가장 부당한 것이 군중에게는 최상일 것이다. 별로 눈에 띄지 않으면서도 언뜻 봐서 가장 덜 무거워 보이는 제도가 가장 쉽게 받아들여질 것이다. 이런 식으로 간접세는 그토록 터무니없음에도 불구하고 언제나 군중에 의해 수용될 것이다.

왜냐하면 매일같이 소비되는 물건들에 대해 몇 푼 안 되는 만큼씩만 거둬지므로 군중들의 습관을 속박하지도, 그들을 동요시키지도 않기 때문이다. 임금이나 다른 수입에 대한 비례세로 이를 대체하여, 이론적으로는 열 배 적은 부담을 주지만 단번에 납세하게 한다면, 만장일치의 반박에 부딪힐 것이다.

매일 매일의 보이지도 않던 푼돈이 비교적 많은 돈으로 대체되면서, 그것을 지불해야 하는 순간에는 엄청난 액수로 여겨져 꽤나 강렬한 인상을 주는 까닭이다. 조금씩 따로 떼어놓았다면 별 것 아닌 듯 보였을 텐데도 말이다. 그러나 이러한 경제적 방식은 어느 정도의 통찰력을 갖고 있는 이들에게는 합리적으로 받아들여질 테지만, 군중에게 그러한 혜안(慧眼)을 기대하는 것은 불가능하다.

이상의 예는 군중의 사고방식을 선명하게 밝혀준다. 나폴레옹 같은 뛰어난 심리 분석가는 이를 놓치지 않았으나, 군중의 집단혼에 무지한 입법자들은 그것을 인지하지 못할 것이다. 인간은 결코 순수이성의 명령에 따라 행동하지 않는다는 사실을 그들은 경험을 통해서도 아직 충분히 깨닫지 못했다.

군중 심리를 적용하여 설명할 수 있는 것들은 이 밖에도 많다. 군중 심리에 대한 이해는 의미를 모른 채 지나쳤을 수많은 역사적, 경제적 현상들 위에 한 줄기 섬광을 비춰준다. 당대의 가장 뛰어난 역사학자인 텐(Hippolyte Taine, 1828-1893)이 프랑스 대혁명시 일어난 사건들을 분석하면서 때때로 그렇게나 불완전한 이해력을 보인 까닭은, 그가 군중의 집단의식에 대해 고찰할 생각을 전혀 하지 않았기 때문이라는 사실을 증명할 기회가 내게 있을 것이다. 그는 그 복잡한 시기를 연구하기 위한 길잡이로써 자연주의자들의 기술 방법론을 택했지만, 자연주의자들이 연구해야 할 현상들 속에는 정신력이 거의 포함되지 않는다. 그러나 역사의 진정한 원동력은 바로 이 정신력에 있다.

단순히 호기심을 충족시키기 위해서라도 군중심리 연구는 여전히 시도해볼 가치가 있다. 인간 행위의 동인(動因)들을 분석하는 일은 광물이나 식물의 특질을 규명하는 일 만큼이나 흥미롭다.

이 책은 군중의 집단의식에 관한 연구 전반(全般)의 간략한 총론 내지는 단순한 요약에 지나지 않을 것이다. 그러므로 몇몇 관점과 견해들을 제안하는 것 이상을 기대해서는 안 된다. 다른 이들이 꾸준히 연구를 이어나갈 것이다. 지금 나는 여전히 미개척지로 남아있는 땅 위에 그저 고랑을 낼 뿐이다.

제1부

군중 정신

심리적 군중이 보여주는 가장 놀라운 면모는,
군중을 구성하는 개인들 각각의 생활 방식, 직업, 성격 혹은 지적 수준과는 상관없이
단지 그들이 군중에 속하게 되었다는 사실 하나만으로
집합체 공동의 영혼을 지니게 되며, 이로 인해 그들은 개인으로 머물 때와는
전혀 다른 방식으로 느끼고, 생각하고, 행동하게 된다.

1장
군중의
일반적 특징
정신적 일체성의 심리적 법칙

　통상적인 의미에서 '군중'이란 단어는 불특정 개인들의 집합체를 가리키며, 여기서 각각의 국적, 직업, 성별이나 그들이 어떤 계기로 한 자리에 모이게 되었는가는 고려되지 않는다.

　심리학적 관점에서 '군중'이란 말이 뜻하는 바는 전혀 다르다. 오직 어떤 특정 상황에 처한 인간들의 집합체만이 그것을 구성하는 개개인의 성격과는 다른 새롭고 강한 특징을 갖게 된다. 의식을 지닌 인격체는 사라지고 개인들의 감정과 생각은 전부 한 방향으로 정렬되어, 일시적이긴 하지만 매우 명확한 특성을 드러내는 하나의 집합적 영혼이 구성된다. 이 집합체는 다른 더 좋은 표현이 없는 관계로 내가 '조직된 군중(foule organisée)'이라 부르는 ─ 혹은 심리적 군중(foule psychologique)이라 칭해도 무방할

― 바로 그것이 된다. 그들은 단 하나의 개체를 이루며 '군중의 정신적 일체성 법칙 (la loi de l'unité mentale des foules : 그 어떤 군중이든 정신적으로 통일되어 단일한 개체적 속성을 지님 ― 역주)' 에 따른다.

우연히 같은 곳에 자리하게 된 다수의 개인들이 단지 그 사실 하나만으로 군중의 유기체적 특성을 갖게 되지 않음은 분명하다. 아무런 확실한 목적도 없이 그저 우발적으로 광장에 모인 1천 명의 사람들은 심리학적 관점에서 봤을 때 결코 군중을 형성하지 않는다. 군중의 특성을 띠기 위해서는 어떤 자극적 요소의 영향을 받아야 하는데, 그것의 본성에 관해서는 뒤에서 규명할 것이다. 군중이 조직되는 동안 맨 처음 나타나는 특성은 의식적 인격체가 소멸하고 감정과 사상이 정해진 한 곳을 향하게 된다는 것이다. 그러나 이는 다수의 개인들이 동시에 한 지점에 존재함을 전제로 하는 것은 아니다. 각기 다른 곳에 분산돼 있는 수천 명의 개인들일지라도 어느 한 순간 격렬한 정서에 사로잡힐 때 ― 예를 들어 국가 중대사의 영향 하에 놓이는 경우 ― 심리적 군중으로서의 특성을 얻는다. 이런 상황에서는 아무리 보잘 것 없는 우연에 의해서라도 일단 모이게 되면, 곧 그들의 행위는 군중적 속성을 띠게 될 것이다. 어떤 경우에는 예닐곱 명의 사람들만으로도 우연히 모인 수백 명을 능가하는 심리적 군중이 구성될 수 있다. 가시적으로 집결되지 않은 경우에도 특정한 영향력 아래 놓인 한 민족 전체 또한 군중이 될 수 있다.

일단 조직되기만 하면 심리적 군중은 일시적이지만 결정적인 보편적 특징들을 획득한다. 여기에 개별적 특징들이 더해지는데, 이는 군중을 이루는 개인들과 그들의 정신 구조를 변화시킬 수 있는 요소들에 따라 달라진다.

그러므로 심리적 군중의 분류가 가능해진다. 유사성을 띠지 않는 개체들로 이루어진 비균질적 군중과 당파, 계층, 계급 등을 공유하는 개인들로 구성된 균질적 군중이 지니는 공통된 특성이 바로 심리적 군중의 보편적 특성이다. 이 밖에 각각의 차이를 드러내는 개별적 특징들은 이들의 구별을 가능케 한다.

군중의 다양한 카테고리에 대해 언급하기 전에 우선 공통된 특성부터 살펴보자. 한 과(科)의 모든 개체들이 지니는 일반적 특성을 기술한 연후에 그것들 각각의 속(屬)과 종(種)을 나누게 하는 개체적 특성에 관심을 기울이는 자연주의자와 같은 방식을 취할 것이다.

군중 정신에 대하여 논술하기란 쉽지 않은 일이다. 왜냐하면 그것은 민족성이나 집합체의 구성뿐 아니라 그 집단에 영향을 미치는 자극의 본질과 정도에 따라 다르게 조직되기 때문이다. 불특정 개인의 심리를 연구할 때에도 이러한 어려움은 발견된다. 평생을 살아가면서 성격이 변하지 않는 사람들의 모습은 소설 속에서나 볼 수 있는 것이다. 오직 환경의 획일성만이 성격을 피상적으로 획일화한다. 그 어떤 정신 구조를 가진 인간이든 급작스런 환경 변화에 맞닥뜨리면 잠재적 성격을 드러낼 수 있음을 나는 이미 다른 저작에서 밝힌 바 있다. 바로 이런 식으로 프랑스 대혁명 이후 국민공회(La Convention nationale, 1792-1795) 의원들 가운데 가장 지독하게 잔혹했던 이들 중에는 평범한 상황이었다면 그저 평화를 지향하는 공중인이나 후덕한 판사일 수도 있었을, 전혀 비공격적인 부르주아들이 포함돼 있었던 것이다. 폭풍이 지난 후 그들은 온순한 부르주아로서의 평상시 성품을 되찾았다. 나폴레옹은 그들 중에서 가장 말 잘 듣는 심복들을 찾아내기도 했다.

군중 형성의 모든 단계를 논하는 것은 불가능하므로, 여기서는 완성된 조직 단계에서의 군중에 대해 고찰해보도록 하겠다. 이렇게 우리는 조직되지 않거나 완결되기 전 군중의 일상적인 모습이 아닌, 최후의 상태까지 도달한 군중에게서 발견되는 모습을 살펴보게 될 것이다. 지배적이며 고정 불변한 민족성의 기저 위에 새롭고 독특한 특성들이 쌓이고, 집합체의 감정과 생각들이 하나의 동일한 방향으로 유도되는 것은 오로지 이 발전된 단계의 군중 조직에서만 가능하다. 또한, 앞서 '군중의 정신적 일체성 법칙'이라 명명한 것이 비로소 그 존재를 드러내는 순간도 바로 이 때이다.

군중의 심리적 특징들 중에는 독립된 개인에게서 찾아볼 수 있는 것도 있는 반면, 반드시 집합체 내에서만 발견되는 절대적인 것들도 있다. 우선 이러한 집합체적 특성들을 짚어보면서 그 중요성을 설명하도록 하겠다.

심리적 군중이 보여주는 가장 놀라운 면모는 다음과 같다. 군중을 구성하는 개인들 각각의 생활 방식, 직업, 성격, 혹은 지적 수준과는 상관없이 단지 그들이 군중에 속하게 되었다는 사실 하나만으로 집합체 공동의 영혼을 지니게 되며, 이로 인해 그들은 개인으로 머물 때와는 전혀 다른 방식으로 느끼고, 생각하고, 행동하게 된다. 한 개인이 품은 사상, 혹은 감정들 중 어떤 것은 오직 군중에 속할 때에만 겉으로 드러나거나 행위로 변환된다. 심리적 군중은 비균질적 요소들의 접합으로 생겨난 일시적 존재이다. 이는 살아있는 유기체를 형성하는 세포들의 결합과 유사하다. 새로이 태어난 생명체는 각각의 세포가 지닌 개별적 특성과는 매우 다른 성질을 지니게 되는 것이다.

허버트 스펜서(Herbert Spencer, 1820-1903)처럼 뛰어난 철학자의 펜 끝으로 기록된 것이라고 믿기 어려운 어떤 견해와는 달리, 군중을 형성하는 집성체 안에는 구성 요소들의 합이나 평균치가 아닌 그것들의 결합에 의해 창조된 새로운 특성들이 존재한다. 화학에서와 마찬가지로 말이다. 예를 들어 염기와 산은 새로운 물질을 만들기 위하여 서로 섞이는데, 이렇게 만들어진 새로운 물질은 그것을 구성하는데 사용된 요소들 각각의 성격과는 전혀 다른 특징을 지니게 된다.

군중 속의 개인들이 각자 홀로 존재할 때와는 다르다는 사실을 알아차리기는 쉽지만, 무엇이 이런 차이를 만드는지 그 원인을 밝히는 일은 그리 만만치 않다.

그 요인들을 최소한 막연하게나마 짐작해보기 위해서는 먼저

'유기체의 생명에서 뿐 아니라 지적 기능에 있어서도 무의식적 현상들은 매우 지배적인 역할을 하고 있다' 는 현대 심리학의 논리를 떠올려봐야 한다. 정신이 의식적으로 영위하는 삶은 무의식적 삶에 비해 매우 적은 부분을 차지할 뿐이다. 가장 섬세한 분석가 혹은 가장 뛰어난 통찰력을 지닌 관찰자라 할지라도 자신을 인도하는 무의식적 동기의 극히 일부 밖에는 발견해내지 못한다. 우리의 의식적 행위들은 무엇보다 유전적 영향 하에 만들어진 무의식적 토대로부터 파생된다. 이 토대는 조상 대대로 내려오며 민족의 영혼을 구성하는 무수한 잔재들을 포함한다. 우리가 스스로의 행위를 설명하면서 순순히 인정하는 요인들의 이면에는 의도적으로 은폐하는 또 다른 요인들이 분명히 있을 것이다. 그러나 한 발짝 더 깊이 들어가 보면, 그 배후에는 우리 자신도 모르는 수많은 비밀들이 숨어 있다. 우리의 일상적 행동의 대부분은 우리가 미처 제어하지 못하는 숨겨진 동력의 결과일 뿐이다.

한 민족의 구성원들은 무엇보다 그 민족의 영혼을 구성하는 무의식적 요소들에 의해 서로 닮는다. 반면에, 교육의 효과이며 특히 개인마다 고유한 유전(遺傳)의 결실인 의식적 요소들에 의해 서로 구별된다. 한편, 지성의 측면에서 큰 격차를 보이는 이들도 매우 유사한 본능, 열정, 감정 등을 지닐 수 있다. 감정의 모든 소재(素材)들 ― 종교, 정치, 도덕, 애정, 반감 등 ― 을 놓고 봤을 때, 위인(偉人)이 범인(凡人)의 수준을 뛰어넘는 일은 무척 드물다. 훌륭한 수학자와 그의 장화를 만드는 구둣방 주인 사이에는 지적인 부분에서는 큰 차이가 있을 수 있지만, 성품에 있어서는 거의 차이가 없거나 아주 적은 경우가 허다하다.

　그런데 이러한 인성의 일반적 자질들은 한 민족을 이루는 정상인들이라면 대부분 비슷한 정도로 지니는 것으로서, 무의식에 의해 조종되며 군중 안에 공통적으로 자리 잡는다. 집단 안에서 개개인의 지적 능력은 사라지고, 결국 개인성은 소멸된다. 혼합체의 비균질성은 균질성 안에 녹아들고, 무의식적 특성들이 군중의 영혼을 지배한다.

　범상한 특질들의 공유, 이는 왜 군중이 수준 높은 지성을 요하는 행위를 수행하지 못하는지 우리에게 설명해준다. 서로 다른 분야 전문가들의 집단에서 공익에 의거하여 내린 결정이 반드시 아둔한 사람들의 모임에서 내릴 결정보다 우월한 것은 아니다. 왜냐하면 그들은 누구나 지니는 시시한 특질들만을 공유할 수 있기 때문이다. 군중 안에서 쌓여가는 것은 지적 사고 능력이 아니라 어리석음이다. 흔히 말하는 것과 달리, 모두가 볼테르보다 더 지성적이지는 않다("볼테르보다, 보나파르트보다, 혁명기의 총재들이나 어제, 오늘, 내일의 장관들 하나하나보다 더 지성적인 누군가가 있다. 바로 '모두' 이다." : 1821년, 탈레랑(Talleyrand)이 상원 의회에서 발표한 검열 반대 연설 중 일부 — 역주). 분명 볼테르는 '모두' 보다 더 뛰어난 지성을 지녔을 것이다. 만약 여기서 '모두' 가 군중을 가리킨다면 말이다.

　그러나 군중 속 개인들이 각자의 범상한 특징들을 공유하는데 그친다면, 그저 중간치만 있을 뿐 앞서 말한 것과 같은 새로운 특성을 만들어내지는 못할 것이다.

그렇다면 이러한 새로운 특성들은 어떻게 형성되는가? 이것이 바로 지금 우리가 탐구해야 할 부분이다.

격리된 개인에게는 없는 군중만의 특성은 다양한 요인에 의해 결정된다. 첫째, 군중 속 개인은 자신이 다수 안에 포함되어 있다는 사실만으로 마치 아무도 거역할 수 없는 힘을 지닌 것처럼 느끼게 되어, 혼자였다면 당연히 제어하였을 본능에 자신을 쉬이 내맡긴다. 또한 익명성은 인간의 방종을 저지하는 책임감을 완전히 소멸시키기 때문에 군중 속 개인은 더욱 더 제멋대로 행동하게 된다.

군중의 특성과 방향성을 정의하기 위한 두 번째 요인으로 정신적 전염(傳染, contagion mentale)을 들 수 있다. 이는 쉽게 확인할 수 있는 현상이지만 설명하기는 쉽지 않기에, 잠시 후 살펴볼 최면 현상과 연관이어야 한다. 군중 안에서의 모든 감정과 행위에는 전염성이 있으며, 집단의 이익을 위해 각자 사적 이익을 희생시킬 수 있을 정도로 그 위력은 막강하다. 독자적 개인에게서는 거의 발견할 수 없고 그의 본성에도 반하는, 반드시 군중에 속한 인간에게서만 찾아볼 수 있는 특성이 바로 여기에 있다.

그리고 가장 중요한 세 번째 요인은 군중에 속한 개인들의 특성을 결정하며, 때때로 개인들 각자의 성질과는 완전히 반대되기도 한다. 이는 피암시성(被暗示性, suggestibilité)으로서, 앞서 말한

'전염'은 이것의 한 결과에 지나지 않는다.

이 현상을 이해하기 위해서는 최근 심리학에서 발견된 몇몇 사실들을 염두에 두어야 한다. 우리는 다양한 절차를 거쳐 의식적 인격을 모두 잃어버린 한 개인이 그것을 잃게 한 조종자의 암시 (暗示, suggestion)에 복종하고, 자기 자신의 성격이나 습관과는 완벽하게 배치되는 행위들을 저지른다는 사실을 알고 있다. 그러나 가장 주의 깊은 관측들은 다음을 증명하는 것처럼 보인다. 요동치는 군중 속에 매몰되어 어느 정도 시간을 보낸 개인은 그것으로부터 발산되는 기운에 의해, 혹은 우리가 알지 못하는 또 다른 이유로 인해 특이한 상태에 놓이게 되는데, 이는 최면술사의 손 안에서 잠들어버린 사람의 상태와 매우 흡사하다. 최면에 걸려 대뇌 활동은 마비되고, 최면술사의 뜻대로 움직이는 척수에 의해 조종당하며, 무의식적 행동의 노예가 된다. 의식을 지닌 인격은 완벽하게 사라지고, 의지와 분별력은 자취를 감춘다. 모든 감정과 사상은 최면술사가 결정한 방향에 맞추어 정렬된다.

심리적 군중에 속한 개인의 상태 역시 대략 이러하다. 그는 더 이상 자신의 행동을 자각하지 못한다. 최면술에 걸린 이와 마찬가지로, 그의 특정한 능력들이 파괴되는 동시에 다른 능력들은 극단적 흥분 상태로 강화된다. 어떤 암시 작용의 영향 하에서 그는 특정한 행위의 완결을 향해 맹렬하게 돌진할 것이다. 군중을 이루는 모든 개인들에게 똑같이 전해지는 암시는 상호성을 띠면서 강화되기 때문에, 군중 속 개인은 최면술에 걸린 이에게서 나타나는 것보다 더욱 격렬한 불가항력을 지니게 된다. 군중 속에서 암시작용을 견뎌낼 만큼 강인한 정신력을 지닌 개인의 수는 너무나 적으며, 대세에 반해 싸우기에는 역부족이다. 기껏해야 또 다른 암시를 통해서 전환을 꾀하는 정도가 가능할 것이다. 이따금 행복을 환기시키는 단어나 이미지들이 가장 피비린내 나는 군중행위를 유발한 것도 바로 이런 식이었다.

의식적 인격의 상실, 무의식적 인격의 지배, 암시 작용과 전염을 통해 감정과 사상이 같은 방향으로 정렬되는 것, 암시 받은 사상을 즉시 행위로 변환시키는 경향 등이 군중 속 개인의 주된 특성이다. 그는 더 이상 그가 아니며, 자신의 의지대로 몸을 가눌 수 없는 자동인형이 된 것이다.

이렇듯 조직된 군중에 속한다는 사실 하나만으로 인간은 문명의 사다리에서 몇 계단 내려오게 된다. 혼자서는 교양 있는 인간이었을 한 개인이 군중 속에서는 야만적이며, 본능적으로 변한다. 그는 원시적 인간의 자발성, 폭력성, 사나움뿐 아니라 열의와 영웅심까지 지니고 있다. 독립된 개인으로서의 그에게는 아무런 영향도 미치지 못했을 말과 이미지에 쉽게 동요되어, 자기 자신에게 명백한 이익이나 잘 알려진 습관에 반하는 행위를 하게 된다는 점에서도 역시 그는 원시적 인간에 가깝다. 군중 속 개인은 바람이 제 멋대로 들어 올리는 수많은 모래알 중 하나일 뿐이다.

바로 이런 식으로 배심원단은 배심원 개개인이라면 반대했을 평결을 내놓고, 의회는 의원들 각자라면 거절했을 법률이나 규칙들을 제정하는 일이 벌어지는 것이다. 프랑스 혁명의회 사람들도 개별적으로는 평화로운 습성의 부르주아들이었다. 그런데 모여 군중을 이루자 그들은 가장 잔인한 법안들을 수락하거나, 누가 봐도 결백한 사람들을 사형대로 보내는 일 등을 서슴지 않았다. 또한 면책 특권을 포기하는 등 자신들의 이익에 반하는 결정마저도 주저하지 않았다.

군중 속 개인을 평상시의 그와 구별하는 것이 단지 이러한 행위들만은 아니다. 독립성을 죄다 잃기 전에 이미 그의 생각과 감정은 깊이 변이되는데, 이는 구두쇠를 낭비가로, 냉소하는 이를 신앙인으로, 정직한 사람을 범죄자로, 겁쟁이를 영웅으로 바꿔놓을 만큼 근본적인 변화인 것이다. 그 유명한 1789년 8월 4일 밤(입헌의회의 밤 : 국민의회(1789-1791)에 의해 봉건제 및 귀족 · 성직자의 특권이 폐지됨 — 역주), 열의에 찬 그 순간에 귀족들은 자신들의 모든 특권을 포기하는 데에 찬성표를 던졌지만, 만약 그들 각자가 독립된 시공간에서 판단할 수 있었다면 결코 이와 같은 결정이 받아들여지지는 않았을 것이다.

그러므로 군중은 지적인 측면에서 개인보다 항상 열등하지만 감정 및 감정에 의해 유발되는 행위에 있어서는 상황에 따라 더 나을 수도 있고, 못할 수도 있다고 결론짓자. 모든 것은 군중이 조종당하는 방식에 달려 있다. 바로 이것이 군중을 범죄적인 관점에서만 연구한 저술가들이 등한시한 부분이다. 물론 군중은 흔히 범죄를 저지르기도 하지만 그만큼 영웅적이기도 하다. 어떤 신념이나 사상의 승리를 위해 목숨을 내놓고, 영광과 명예에 열광한다. 이교도로부터 신의 무덤을 해방시키기 위해 자기를 버렸던 십자군 병사들이나, 조국의 영토를 지키기 위해 빵도 무기도 없이 전장에 나섰던 1793년의 군중들(1793년 2월 23일 국민공회는 '국민 총동원(levée en masse)'을 결정하고 전국에 징소집을 명함 — 역주)이 그러했다. 물론 이 때 영웅심이란 다소 무의식적인 것이겠으나, 바로 이런 영웅심으로 인해 역사는 이루어지는 것이다. 만약 냉철하고 이성적인 판단에 의해 실행된 훌륭한 행동들만을 민중의 공적으로 인정해야 한다면, 세계의 연대기에는 기록할 만한 것이 거의 없을 것이다.

2장
군중의
감정과 도덕성

　지금까지 군중의 주요한 특성을 개괄적으로 살펴보았다. 이제 좀 더 구체적으로 이를 분석할 것이다.

　충동성, 과민성, 이성적 사고 불능, 비판정신과 판단력 결여, 감정의 과장 등 군중의 특성 중 몇몇은 여성, 미개인, 아이처럼 발달 단계의 하위에 속한 존재들에게서 찾아볼 수 있다. 그러나 이를 다 증명하는 것은 이 책의 범주를 넘어서는 일이므로, 여기에서는 간략한 비유만으로 대신하도록 하겠다. 어차피 원시적 인간들의 심리에 대해 잘 알고 있는 이들에게 이 같은 설명은 불필요할 것이며, 이에 대해 무지한 이들에게는 그저 설득력 없는 담론으로 남을 것이기 때문이다.

　이제 대부분의 군중에게서 드러나는 다양한 특징들을 하나씩

짚어보자.

1. 군중의 충동성, 유동성, 그리고 과민성

　　　　　군중은, 이미 그들의 본성을 살펴보며 언급했듯이 거의 절대적으로 무의식에 의해 조종된다. 군중의 행위는 대뇌보다는 척수의 영향 하에 놓일 때가 훨씬 많으며, 바로 이런 점에서 그들은 원시인에 가깝다. 군중 속 개인의 행위는 그 자체만으로 놓고 보면 완벽할 수 있지만 뇌의 명령에 의한 것이 아니며, 단지 자극적 우연들을 좇아 반응한 것일 뿐이다. 군중은 외부로부터 전달되는 모든 자극의 꼭두각시로서 끊임없이 그것의 변이를 반영한다. 따라서 그들은 외적 충동의 노예이다. 격리된 개인 역시 군중 속 인간들이 받는 것과 똑같은 자극에 노출될 수 있지만, 그의 대뇌는 그것이 초래할 위험 및 곤란한 결과 등 부정적 측면을 지적하여 그것에 따르지 않게 한다. 이 현상은 '개인은 자신의 반응을 지배할 능력이 있으나 군중은 그렇지 않다'는 말로써 생리학적으로 정의될 수 있다.

　군중을 지배하는 충동들은 자극의 성격에 따라 다채롭게 변하는 바 너그럽거나 잔인한 것일 수도, 영웅적이거나 소심한 것일 수도 있다. 그러나 어떤 경우에도 개인의 사적 이익을 ─ 심지어는 자기 보존 본능까지도 ─ 짓눌러버릴 만큼 강압적이라는 사실만큼은 변치 않는다. 한편, 군중을 부추기는 자극 요소들이 이토록 다양함에도 불구하고 군중이 언제나 그것에 복종한다는 사실은 그들이 극도로 유동적인 존재임을 의미한다. 가장 피비린내 나는 잔혹성과 가장 고매한 영웅심 또는 관대함 사이를 순식간에 넘나드는 이들이 바로 군중이다. 그들은 쉽사리 사형집행인도, 순교자도 될 수 있다.

모든 신념의 승리를 위해 바쳐진 피의 격랑(激浪), 그 원류 또한 다름 아닌 군중의 심장이었다. 이런 관점에서 군중이 과연 어떤 능력을 지녔는지 확인하기 위해 영웅시대까지 서슬러 올라갈 필요는 없다. 소요 속에서 그들은 절대로 목숨을 홍정하지 않는다. 몇 해 전, 갑자기 인기를 얻은 한 장군(19세기 말, 불랑제주의라 불리던 정치적 민중 운동을 일으킨 조르주 불랑제(Georges Boulanger, 1837-1891) 장군을 암시 — 역주)은 요구하기만 했다면 아마 자신을 위해 기꺼이 죽을 준비가 된 군사 십만 명쯤은 어렵잖게 구할 수 있었을 것이다.

따라서 군중에게는 그 무엇도 미리 계획될 수 없을 듯하다. 순간적 자극의 영향력 하에서 서로 대립되는 감정 사이를 연이어 주파할 수 있는 그들은, 태풍에 휩쓸려 사방으로 퍼졌다가 다시 바닥에 떨어져버리는 잎사귀들과 같다. 후에 몇몇 혁명적 군중을 살펴보면서 군중 정서의 가변성에 관한 몇 가지 예를 제시하겠다.

한편, 이러한 군중의 유동성으로 말미암아 그들을 지배하기가 매우 힘들어지는데, 특히 그들이 공권력의 일부를 손에 쥐게 될 경우 더욱 그러하다. 만약 일상생활의 필요들이 일종의 은밀한 조절장치 노릇을 하지 않는다면 민주주의는 거의 지속되지 못할 것이다. 하지만 군중은 뭔가를 열렬히 원하기는 할지언정 그것을 오랫동안 갈구하지는 않는다. 그들은 생각할 능력이 없는 만큼이나 지속적 의지도 약하다.

물론 군중이 충동적이고 유동적이기만 한 것은 아니다. 미개인과 마찬가지로 그들은 욕구와 욕구의 실현 사이에 뭔가 개입할 수 있다는 것을 용납하지 않는다. '다수'에 속해 있다는 사실로 인해 불가항력을 지닌 듯 느끼게 된 그들은 이러한 개입을 더욱 더 이해하지 못한다. 군중에 속한 인간에게 불가능이란 개념은 사라진다. 격리된 개인은 혼자 힘으로 궁궐에 불을 지르거나 상점을 약탈할 수 없으리란 걸 잘 알고 있으며, 설사 그런 욕구를 느낄지라도 쉽게 그 유혹에서 벗어날 수 있다.

그런데 군중에 편입되면 그는 다수가 지니는 힘을 의식하고, 누군가 살인이나 강도짓을 선동하기만 해도 즉시 그런 행위의 유혹에 자신을 내맡기게 된다. 예기치 못한 장애물은 광적으로 부서질 것이다. 만약 인간의 생리 구조상 지속적으로 광분하는 것이 가능하다면 저지당한 군중의 평상심(平常心)은 아마도 '분노'가 될 것이다.

과민성, 충동성, 유동성, 그리고 우리가 연구해야 할 모든 대중적 정서들은 언제나 민족적 본성의 영향을 받으며, 이러한 민족성이야말로 우리의 감정을 생성해내는 불변의 토양이다. 모든 군중이 충동적이며 쉽게 흥분하는 것은 분명한 사실이지만, 그 정도에는 꽤 큰 차이가 있다. 이를테면 라틴족 군중과 앵글로색슨족 군중 간의 격차는 무척 놀랍다.

우리 역사에서 가장 최근에 벌어진 일련의 사건들은 이 지점에 날카로운 한 줄기 섬광을 비춘다. 1870년, 한 외교관에게 던져진 것으로 추정되는 모욕적 언사를 상세히 기술한 전보가 지면상에 공개된 것만으로도 프랑스 국민들의 분노는 여지없이 폭발했으며, 즉각적으로 끔찍한 전쟁(프랑스-프러시아 전쟁 — 역주)이 발발하였다. 몇 년 후, 랑손(Langson, 베트남 북동부에 위치한 도시 — 역주)에서의 하잘 것 없는 패배를 알린 전보는 새로운 격분을 야기했고, 이는 순식간에 정부를 전복시켰다. 같은 시기, 카르툼(Khartoum, 수단의 도시, 경제 중심지 — 역주)으로 파병된 영국 군대는 이보다 훨씬 심각하게 패하였으나, 영국에서는 극미한 정서적 동요가 있었을 뿐 그 어떤 내각도 무너지지 않았다.

군중이 여성적 성격을 띠는 것은 어디든 마찬가지이나 그 중에서도 라틴족 군중에게 이러한 성향이 가장 두드러지게 나타난다. 그들에게 의지하는 자는 매우 높은 곳까지 빠르게 도달할 수 있다. 단, 끊임없이 타르페이아의 바위(고대 로마 시대 중죄인을 떨어뜨려 처형한 바위 — 역주)를 따라 올라가다보면 언젠가는 그 위에서 추락하고 말 것이라는 확신을 갖고서 말이다.

2. 군중의 피암시성과 맹신

앞서 나는 군중의 보편적 특성 중 하나가 과도한 피암시성임을 언급하면서 넌지시 전달된 감각, 관념, 의도 등이 인간의 무리 안에서 얼마나 쉽게 전파되는가를 지적하였다. 이는 군중의 감정이 정해진 한 방향으로 빠르게 정리되는 현상을 설명해준다.

아무리 중립적인 군중일지라도 그들은 대체로 뭔가를 기대하는 상태에 있기 때문에, 은근한 암시를 통해 그들에게서 어떤 행동을 이끌어내기는 쉽다. 최초의 암시는 형성되는 즉시 모두에게 전파되어 그들 하나하나의 머릿속에 자리 잡으며, 이로써 군중의 나아갈 방향은 결정된다. 피암시 상태에 있는 모든 존재들에게 그러하듯 대뇌를 뒤덮은 생각은 곧 행동으로 전환된다. 궁궐에 불을 지르는 일이든, 자기를 희생하는 일이든 간에 군중은 아무 거리낌 없이 임무 수행의 채비를 갖춘다. 모든 것은 자극의 본질에 따라 좌우될 뿐이다. 격리된 개인과 달리 군중 속 인간은 암시 받은 행위와 그것의 실현에 반대할 만한 이유의 총합과의 관계를 저울질하지 않는다.

이렇듯, 언제나 무의식의 주변에서 맴돌고, 모든 제안에 순순히 따르며, 이성의 힘에 기댈 수 없는 존재들에게 딱 들어맞는 과격한 감정을 품은 군중은 더구나 비판 정신을 지니지 않으므로 무엇이든 덮어놓고 쉬이 믿어버린다. 그들에게 '있음직하지 않은 일'이란 없다. 고개를 갸웃거리게 하는 전설이나 이야기들이 얼마나 쉽게 만들어지고, 또 전파되는지를 이해하기 위해서는 이것을 상기해야만 한다(주 — 파리 계엄 하에서 사람들은 말도 안 되는 일들을 맹신하는 군중의 성향을 드러내는 예를 수도 없이 보았다. 일례로, 한 집의 맨 위층에 켜놓은 촛불이 포위군에게 보내는 신호로 여겨지곤 했다. 그러나 단 2초만 생각해 보아도 멀리 떨어진 곳에서 이 촛불을 식별하는 일이 불가능하다는 사실은 명백히 알 수 있는 것이었다).

군중 속에서 이토록 용이하게 확산되는 전설들이 단지 그들의 철저한 맹신(盲信) 성향에 의해서만 창조되는 것은 아니다. 무리를 이룬 이들의 상상을 통해 사건은 엄청나게 왜곡되며, 이 역시 전설의 확산을 촉진시킨다. 아무리 단순한 사건일지라도 일단 군중이 목격하기만 하면 어떤 식으로든 변형된다. 군중은 이미지를 매개로 생각하는데, 그들의 상상력이 불러일으킨 이미지는 그것과 논리적으로 아무런 연관성도 없는 새로운 이미지들을 잇달아 환기시킨다. 우리 머릿속에 어떤 사실 하나가 떠올랐을 때 이런저런 관념들이 괴이하게 꼬리를 무는 경험을 종종 하게 되는 점을 생각해보면 어렵잖게 이 상태를 이해할 수 있을 것이다. 이성은 이러한 이미지들에 일관성이 없다는 사실을 우리에게 알려주지만 군중은 그것을 거의 인식하지 못하며, 실제로 일어나고 있는 사건 그 자체와 상상력에 의해 왜곡되어, 그 위에 덧붙여진 것들을 혼동한다. 군중은 주관과 객관을 거의 구분하지 못한 채 머릿속에 그려지는 이미지들을 실제적인 것으로 받아들이지만, 대개 이런 이미지들은 관찰된 상황과는 꽤나 먼 동류 관계를 맺고 있을 뿐이다.

군중을 이루는 개인들의 성격이 각기 다른 만큼 그들이 증언을 통해 한 사건에 가하는 왜곡의 내용 또한 수 없이 많고, 제각각이

어야 할 것이다. 그러나 실상은 그렇지 않다. 전염에 의해 사건은 본질적으로 동일하게 왜곡되며 특정한 방향으로 정리된다. 집합체의 구성원 중 한 사람이 감지한 첫 번째 변이는 전염성 강한 암시 작용의 결정핵 구실을 한다. 예루살렘의 벽 위에 나타나 모든 십자군 병사들에게 목도되기 전에 성 조지(St. George)는 아마도 그 자리에 있던 단 한 사람의 눈에만 보였을 것이다. 그 한 사람에 의해 알려진 기적은 암시와 전염이라는 경로를 통해 곧 모두에게 기정사실로 받아들여졌다.

이것이 역사 속에서 그토록 자주 발견되는 집단적 환상의 메커니즘이며, 이러한 현상들은 수천 명의 사람들에 의해 확인되었다는 이유만으로 '신뢰성'의 규범적 특징들을 모두 획득한 듯 보인다.

앞서 말한 내용을 반박하기 위한 방편으로 군중을 이루는 개인들의 지적 수준을 언급해서는 안 될 것이다. 이는 전혀 중요치 않다. 그들이 군중을 이루는 이상 무식한 자든, 박식한 자든 통찰력이 떨어지기는 매 한 가지다.

이런 주장이 기이하게 여겨질 수도 있다. 이것을 완벽하게 증명하려면 꽤 많은 역사적 사건들을 되짚어봐야 할 것이고, 몇 권의 책으로도 부족할 것이다.

그러나 독자들에게 근거 없는 주장이라는 인상을 남기고 싶지는 않으므로 수많은 예들의 무더기 속에서 몇 가지를 무작위로 골라 제시해보도록 하겠다.

다음은 가장 전형적인 경우 중 하나인데, 무지한 이와 배운 이가 골고루 섞여 있는 군중 안에서 맹위를 떨치는 집단적 환각 상태를 보여주기 때문이다. 해군 대위 줄리앙 펠릭스(Julien Félix)가 해류에 관한 자신의 책 속에서 부수적으로 기술한 사건으로서 〈과학 평론 Revue Scientifique〉에 실린 것을 여기에 전재한다.

『군함 벨르-뿔르 호가 광포한 태풍에 휩쓸려 떨어져나간 중형 전함 베르소 호를 찾기 위해 바다 위를 부유하고 있을 때였다. 햇빛으로 가득한 대낮이었다. 갑자기 망루에서 난파된 소형선의 존재를 알려왔다. 선원들은 지적된 곳을 향해 시선을 돌렸고, 남자들을 태운 뗏목 한 척이 조난 신호를 보내는 소형선에 끌려가는 것을 모두가 — 장교부터 수병까지 — 분명히 보았다. 그러나 이는 집단 환각에 지나지 않았다. 데포세(Desfossés) 제독은 조난자들을 구하기 위해 구조선을 보낼 것을 지시했다. 구조선에 오른 수병과 장교들은 목표 지점으로 다가가면서 한결같이 "한 무리의 남자들이 심하게 동요하며 손을 뻗는 것을 보았고, 귀를 먹먹하게 할 정도의 크고 요란한 아우성을 들었다." 구조선이 도착했을 때 그들이 목격한 것은 인근 연안에서 뽑힌 뒤 떠내려온, 잎사귀로 뒤덮인 나뭇가지들뿐이었다. 이토록 명확한 사실 앞에서 환각은 사라졌다.』

이 예는, 앞서 설명한 집단 환각 증세의 메커니즘을 선명하게 드러낸다. 한편으로는 뭔가를 기대하며 주의를 집중하는 군중이 있었고, 다른 한편으로는 망루로부터 난파된 선박의 존재가 알려짐으로써 암시 기제가 작동하였는데, 이 때 암시된 내용은 전염을 통해 그 자리에 있던 모든 사람들로부터 받아들여졌다.

상황을 제대로 인식하는 능력이 훼손되고, 사실이 터무니없는 환각으로 대체되기 위해 반드시 많은 수의 사람이 필요한 것은 아니다. 그저 몇몇의 개인들로도 군중이 형성될 수 있다. 심지어 뛰어난 지식인 무리조차도 자신들의 전문 분야를 벗어나는 주제에 관해서는 일반 군중과 똑같은 특징을 보인다. 그들 각자가 지닌 통찰력 및 비판 정신은 빠르게 자취를 감추는 것이다.

유능한 심리학자인 데이비(Davey)는 매우 흥미로운 예를 제시하고 있는데, 최근 〈정신과학지 Annales des Sciences psychiques〉에 인용된 것으로 여기서 자세히 기술할 만하다. 데이비가 영국 최고의 석학 중 하나인 월래스(Wallace)를 포함하여 저명한 평자(評者)들의 모임을 주최했다. 우선 그들에게 몇 개의 물건들을 관찰하게 하고 각자 원하는 곳에 꼬리표를 놓게 한 후, 그들 앞에서 영혼의 현시, 석판에 글쓰기 등 고전적인 강신술(降神術)을 펼쳐 보였다. 그는 이들 비범한 관찰자들로부터 '이런 현상들은 어떠한 초자연적 방식에 의하지 않고서는 일어날 수 없음'을 확증하는 내용의 보고서를 받아든 연후에 비로소 모든 것이 그저 간단한 속임수에 지나지 않았음을 밝혔다.

상기한 학술지에 이 일화를 실은 필자는 다음과 같이 적고 있다. "데이비의 실험에서 가장 놀라운 것은 기막힌 눈속임 자체가 아니라, 그 방면에 문외한인 증인들의 진술에 극심한 결함이 있었다는 점이다. 따라서 증인들은 사실과 전혀 다른 수많은 이야기를 매우 상세하게 풀어낼 수 있으며, 만약 우리가 그들의 묘사를 정확한 것으로 받아들인다면 그들이 확인한 현상들은 속임수로 설명할 수 없는 것이 되어버린다. 데이비가 고안해낸 방법이란 실로 너무나도 단순해서 그가 그것을 사용할 만큼 대담해졌다는 점이 의아할 정도이지만, 어쨌든 그는 그 자리에 모인 사람들, 즉 군중으로 하여금 보이지 않는 것을 본다고 믿게 할 만큼 그들의 정신에 강한 영향력을 행사했다."

이 역시 최면술사가 최면에 걸린 자에게 행하는 지배력과 같은 것이다. 본래부터 의심 많은 고고한 정신의 소유자들이 이러한 힘에 굴복하는 것을 보면, 범상한 군중을 현혹시키는 일이 얼마나 쉬울지는 충분히 짐작되고도 남는다.

유사한 예는 수도 없이 많다. 이 글을 쓰고 있는 지금도 센 강에 빠졌다가 끌어올려진 두 어린 소녀에 관한 이야기가 신문지상을 가득 메우고 있다. 맨 먼저, 열두어 명의 증인들은 이 아이들의 신원을 매우 단정적으로 확인했다. 그들의 주장이 완벽하게 일치했기 때문에 예심 판사의 머릿속에는 일말의 의구심도 남지 않았다. 그는 곧 사망 증명서 작성을 지시했다. 그러나 시신을 매장하려던 바로 그 순간 우연히, 죽은 듯 보이던 아이들이 멀쩡하게 살아있으며 더욱이 모두가 지목했던 물에 빠진 소녀들과는 별로 닮지도 않았다는 사실을 발견하게 되었다. 앞서 인용한 다른 예들에서 살펴본 바와 마찬가지로 환상에 사로잡힌 첫 번째 증인의 확언은 다른 모든 사람들에게 암시적인 영향을 미치기에 충분했다.

이와 같은 경우, 암시는 언제나 다소 흐릿한 기억의 파편들을 기워 만들어낸 한 개인의 환상에서 비롯되며, 이 최초의 환상이 거듭 확인되고 긍정됨으로써 전파된다.

만약 첫 번째 관찰자가 꽤 예민한 감수성을 지닌 사람이라면 전혀 다른 이의 시신을 눈앞에 두고도 자신이 아는 누군가를 보는 것처럼 착각하면서 고인을 확실히 알아본다고 믿을 수 있다. 목전의 주검에서 아무런 실질적 유사점이 발견되지 않아도, 그저 흉터나 몸치장에 있어서의 디테일 등 대수롭지 않은 특징만으로도 그는 쉽게 자신의 기억 속 제 삼자를 떠올리게 되는 것이다.

이런 식으로 환기된 생각은 분별력의 영역을 침범하고 모든 비판 능력을 마비시키는 일종의 결정핵 구실을 한다. 이 때 관찰자가 보는 것은 더 이상 관찰 대상 그 자체가 아니며, 단지 그의 머릿속에서 연상된 이미지일 뿐이다. 마찬가지로, 암시의 메커니즘을 구성하는 두 가지 원칙이 명확하게 드러나는 다음 예를 통해 어떻게 친어머니조차 엉뚱한 아이의 시신을 죽은 자식으로 오인하는 상황이 발생하는지를 설명할 수 있다.

『죽은 아이는 맨 먼저 다른 아이에 의해 확인되었는데 이는 오류였다. 연이어 그릇된 증언이 계속되었다.

그리고 우리는 매우 기이한 일을 목도하게 된다. 초등학생에 의해 최초의 시신 확인이 이루어진 바로 다음 날, 한 여자가 울부짖었다.

"아, 세상에, 내 아이예요."

시신 가까이에서 이것저것 살펴본 그녀는 이마에 있는 상처 하나를 발견하고는 말했다.

"맞아요, 지난 7월에 잃어버린 불쌍한 내 아들이에요. 누군가 이 애를 유괴해서 죽인 게 틀림없어요."

샤방드레라는 이름의 그녀는 푸르 거리 관리인이었다. 아이의 삼촌 또한 주저 없이 "어린 필리베르가 맞소."라고 말하며 거들었다. 같은 동네 주민들 여럿은 라 빌레트에서 발견된 그 아이가 바로 필리베르 샤방드레라고 단언했으며, 그 애의 담임교사 역시 죽은 아이가 지니고 있던 메달을 가리켜 중요한 방증(傍證)이라고 주장했다.

그러나 이웃들, 삼촌, 담임교사, 그리고 아이 엄마까지 모두 잘못 짚고 있었다. 6주 후, 시신의 신원이 밝혀졌다. 보르도에서 죽은 채 파리로 옮겨진 다른 아이였던 것이다(주 — 에끌레르(Eclair)지, 1895년 4월 21일자).』

이러한 '확인'이 주로 여성과 아이들, 즉 가장 쉽게 감정적 동요를 일으키는 이들에 의해 이루어졌다는 사실에 주목하자. 그들의 증언이 과연 법정에서 어떤 가치를 지닐 수 있겠는가. 특히 아이들의 주장은 결코 거론되어서는 안 될 것이다. 판사들은 하나같이 어린 아이들은 거짓말을 하지 않는다고 말한다. 하지만 그들이 아주 천박하지 않을 정도의 심리학적 교양만 조금 갖추고 있었더라면, 그 또래 아이들은 거의 항상 거짓말을 한다는 사실을 알 수 있었으리라. 비록 아이들의 거짓말이 순수하다 하더라도 거짓이 아닌 것은 아니다. 이미 수도 없이 반복된 일이긴 하지만 어린 아이의 증언에 입각하여 피고인에게 형을 선고할 바에야 차라리 동전 던지기로 앞뒤를 가려 결정하는 편이 나을 것이다.

누차 말하지만 군중에 의한 집단적 관측은 그 무엇보다 그릇된 것이며, 대부분의 경우 한 개인의 단순한 환상이 전염 경로를 통해 다른 이들에게 암시적 영향을 미침으로써 이루어진 것에 불과하다.

군중의 증언은 가장 냉철하게 의심되어야 한다는 사실을 증명하는 사건은 무수히 많다. 수천 명의 사람들이 그 유명한 세단 전투(La bataille de Sedan, 1870년 프랑스-프러시아 전쟁 중 프랑스 북동부 세단에서 벌어진 전투 — 역주)에서의 기병 공격을 지켜보았지만, 그들의 상반되는 증언을 바탕으로 공격 명령을 내린 이가 누구인지를 명확히 알아내기란 불가능하다. 최근 출간된 한 책에서 영국의 월슬리(Wolseley) 장군은 수백 명에 의해 입증된 워털루 전투(La bataille de Waterloo, 1815년 나폴레옹 1세가 이끄는 프랑스군이 영국-프로이센 연합군과 벨기에 남동부 워털루에서 벌인 전투 — 역주)의 주요 사건들 역시 사실성의 측면에서 심각한 오류를 내포하고 있다고 밝혔다(주 — 그 수많은 전투 중에서 우리가 정확한 경과를 설명할 수 있는 것이 단 하나라도 있는가? 결코 그렇지 않다고 본다. 어느 쪽이 승자이고, 어느 쪽이 패자인가 정도는 알 수 있을지언정, 아마 그 이상은 아무것도 모를 것이다. 다르쿠르(D'Harcourt)가 솔페리노

전투(La bataille de Solférino, 1859년 사르데냐프랑스 동맹군이 북이탈리아 솔페리노에서 오스트리아 연합군을 격파한 전투 — 역주)에 관해 언급한 다음 내용은 다른 모든 전투에도 적용될 수 있을 듯하다. "수백 가지 증언을 통해 정황을 파악한 장군이 공식 보고서를 제출한다. 명령 전달의 임무를 맡은 장교가 이 문서를 수정하여 최종안을 작성한다. 참모장교가 그것에 이의를 제기하고 전부 다시 쓴다. 이를 받아든 총사령관은 "당신들, 완전히 틀렸어."라고 외치고는 새로운 것으로 대체한다. 그리하여 최초의 보고서에서 남은 것은 거의 없게 된다. 다르쿠르는 가장 인상적인 동시에 가장 잘 관찰된 사건의 진실을 밝히는 것이 불가능한 일임을 입증하는 자료로서 이를 상세히 기술하고 있다).

이 모든 예들은 우리에게 군중의 증언이 얼마나 미약한 가치를 지니는가를 보여준다. 따라서 다수 증인들의 만장일치가 한 사건의 정확성을 가리기 위한 매우 믿음직한 척도 중 하나라고 간주하는 논리학 개론들은 군중심리학적 관점에서 봤을 때 재정립될 필요가 있다. 진위 여부를 가장 의심해야 할 사건은 아마도 가장 많은 사람들이 목도한 사건일 것이다. 수천 명에 의해 동시에 목격된 사실이라 함은 대체로, 정작 그 실상과는 매우 다른 이야기라고 말하는 것과 같다.

이런 연유로, 모든 역사서들은 그저 순수한 상상력의 산물로 여겨져야 한다. 잘못 관찰된 사실들에 설명을 곁들인 꾸며낸 이야기에 지나지 않는다. 만약 과거가 우리에게 기념비적인 문학 및 예술 작품들을 남겨놓지 않았다면 우리는 과거에 대해 그 어떤 사실도 알 수 없었을 것이다. 헤라클레스, 부처, 예수 혹은 마호메트 등 인류 역사상 지배적인 역할을 한 성인들의 일생에 관하여 우린 과연 진실한 말 한 마디라도 제대로 알고 있는가? 그럴 리 없다. 하긴 본질적으로, 실제 그들의 삶이 어떠했는가는 그다지 중요한 문제가 아니다. 우리가 관심을 갖는 것은 민간에 전승되는 전설에 의해 형성된 위인으로서의 그들의 모습이다. 군중의 영혼에 감명을 준 이들은 현실이 아닌 신화 속 영웅들인 것이다.

안타깝지만 모든 전설은 책에 의해 고착됨에도 불구하고 결코 항구성을 띠지 않으며, 시대 및 민족에 따라 달라지는 군중의 상상력에 의해 끊임없이 변형된다. 성경 속에 등장하는 냉혹한 여호와와, 성녀 테레사가 섬기는 사랑의 신 사이에는 엄청난 차이가 있으며, 중국이 경애한 부처는 인도에서 숭앙된 그와 아무런 공통점도 갖고 있지 않다.

영웅들의 전설이 군중의 상상에 의해 변하기까지 반드시 수 세기가 걸리는 것은 아니다. 때로는 겨우 몇 년 동안에 변형이 이루어지기도 한다. 우리는 50년도 채 안 되는 시간 동안 역사상 최고의 영웅 중 한 사람에 관한 전설이 변모하는 것을 보았다. 부르봉 왕조 시절 나폴레옹은 이상적인 박애주의자이며 자유롭고 도량이 클 뿐 아니라 비천한 자들의 친구로서, 어느 시인의 표현을 빌자면 "아주 오랫동안 그들의 초가 밑에서 소중히 기억될" 인물이었다. 30년이 흐른 후, 이 너그러운 영웅은 어느덧 권력과 자유를 찬탈하고 오직 자신의 야욕을 채우기 위해 300만명의 목숨을 희생시킨 잔혹한 폭군이 되어 있었다. 아직까지도 그에 관한 전설은 계속 변하고 있다. 수십 세기 후의 현자들은 이토록 모순적인 이야기들을 접하며 나폴레옹의 존재 자체에 대해 의심할지도 모른다. 마치 부처의 실재를 의심하듯 그에게서 태양 신화, 혹은 헤라클레스 전설이 발전되어 변형된 양상만을 발견하게 될 것이다. 그러나 아마도 그들은 이러한 불확실성에 대한 아쉬움을 어렵잖게 달랠 수 있을 것이다. 왜냐하면 군중심리에 대해 지금보다 더 해박한 지식을 갖게 될 그들이 역사가 영원히 전할 수 있는 것은 오로지 신화뿐임을 모르지는 않을 테니 말이다.

3. 군중 감정의 과장과 단순주의

좋든 나쁘든 군중이 표현하는 모든 감정은 매우 단순한 동시에 과장된 것이라는 이중적 성격을 띤다. 다른 많은 측면에서 그러하듯 이 지점에 있어서도 군중 속 개인은 원시인과 흡사하다. 사물의 미묘한 차이를 분간하지 못한 채 모든 것을 일괄적으로 파악하는 그들에게 도무지 중간 단계란 없다. 군중 안에서 감정은 암시와 전염을 통해 빠르게 전파되고, 동의와 지지를 얻어 그 힘을 강화시키면서 더욱 더 부풀려진다.

감정의 극단적 단순화 및 쉽게 과장되는 성향은 군중으로 하여금 의심과 회의로부터 멀어지게 만든다. 여성들이 그러하듯 군중 역시 일순간에 극단으로 치닫는다. 어떤 문제든 일단 의혹이 제기되면, 이 의혹은 곧 재론의 여지없는 명확한 것으로 탈바꿈한다.

한 인간이 혼자서 느끼는 적대감이나 반감은 팽창되지 않을 수도 있지만 군중 속에 있을 때 이런 감정들은 즉시 광폭한 증오로 바뀐다.

특히나 비균질적 군중 안에서는 책임감의 결여로 인해 감정의 폭력성이 한층 더 뚜렷하게 드러난다. 처벌되지 않을 거라는 확신은 군중의 규모가 클수록 증대되는데, 이렇듯 머릿수에서 기인하는 일시적이지만 무시 못할 위력은 집합체로 하여금 독립된 개인으로서는 경험할 수 없는 감정을 맛보게 하며, 감히 혼자서는 하지 못할 행위들을 가능케 한다. 바보와 무식자, 그리고 남을 시기하는 자들은 군중 속에서 스스로에 대한 부정적 인식들 — 보잘 것 없음, 무능력함 등 — 로부터 자유로워지며, 동물적이고 순간적이지만 거대한 힘을 느끼게 된다.

군중 속에서 과장되는 감정들은 안타깝게도 흔히 원시적 인간들로부터 물려받은 본능의 잔재, 즉 책임감 있는 개인이라면 형벌에 대한 두려움 때문에라도 충분히 제어할 수 있을 고약하고 불량한 감정들이다. 이러한 기분에 휩쓸려 군중은 그토록 쉽게 극단적 행동을 저지른다.

한편, 교묘하게 감화된 군중은 영웅심이나 희생정신 혹은 그 밖의 고상한 성품 또한 지닐 수 있으며, 홀로 떨어진 개인보다도 이러한 정서에 훨씬 더 가까이 접근할 수 있다. 이 점에 대해서는 차후에 군중의 도덕성을 논하며 다시 언급할 기회가 있을 것이다.

이미 정서 과잉 상태에 있는 군중은 오직 과도한 감정에 의해서만 자극받는다. 군중을 현혹하고자 하는 웅변가는 과격한 주장 역시 서슴지 말아야 한다. 과장하고 단언하며, 반복적으로 말하면서 결코 논리 정연한 설명을 시도하지 않는 것은 대중을 상대로 하는 연설가들에게 익히 알려진 논증 방식이다. 군중이 자신들의 영웅에게서 원하는 것도 바로 이러한 감정의 팽창이다. 그들의 고매한 인품이나 능력은 언제나 윤색되고 과장되어야 한다. 우리가 정확하게 간파했듯이 연극의 관객은 작품의 주인공에게 현실의 삶 속에서는 결코 찾아볼 수 없는 정도의 용기와 도덕성, 인격을 요구한다.

연극 무대의 특수한 시각적 원근법(L' optique spéciale du théâtre, 무대와의 거리에 관계없이 객석 어디서나 잘 들리고 보일 수 있도록 연극에서의 발화 및 행위는 어느 정도 과장될 필요가 있다는 원칙 — 역주) 및 그 중요성에 대해 언급한 것은 분명 타당한 일이다. 그러나 대개 그것의 규칙들은 상식이나 논리와는 아무런 관계가 없다. 군중을 향해 말하기 위해 그다지 수준 높은 기술이 필요하지는 않으나 매우 독특한 능력이 요구된다. 그저 읽어보기만 해서는 공연에서의 성공을 납득하기 어려운 희곡들이 종종 있다. 작품을 받아든 극장장들은 성공 가능성 여부를 놓고 꽤 불확실한 태도를 보이는 경우가 허다한데, 왜냐하면 그것을 제대로 판단하기 위해서는 그들 스스로가 군중으로 변해야 하기 때문이다(주 — 이로써 우리는, 어떻게 모든 극장장들로부터 거부된 희곡이 가까스로 무대에 올랐을 때 엄청난 반향을 불러일으키는 경우가 생기는지를 이해할 수 있게 된다. 코페(François Coppée, 1842~1908)의 〈왕관을 위하여 Pour la couronne (1895)〉가 작가의 명성에도 불구하고 십 년 동안이나 권위 있는 극장들로부터 거절되다가 우연히 공연 기회를 얻어 큰 성공을 거뒀다는 사실은 잘 알려져 있다. 또, 계속되던 퇴짜 끝에 결국 어느 중개인의 지원으로 무대에 올린 〈찰리의 아주머니〉(Charley's Aunt (1892), Brandon Thomas의 희곡 ─ 역주)는 프랑스에서 200회, 영국에서 1,000회 이상 상연되었다. 심각한 오판을 피하려 애쓰는 유능한 극장장들이 이 같은 실수를 저지른 까닭은 앞서 언급한 바와 마찬가지로 그들이 정서적으로 군중을 대체할 수 없었기 때문이다). 만약 우리가 논의를 발전시킨다면, 여기서 민족성이 미치는 막대한 영향력까지도 보여줄 수 있을 것이다. 가끔, 한 나라의 군중을 열광시킨 작품이 다른 나라에 가서는 전혀 성공하지 못하거나 그저 의례적인 호응, 또는 전문가들의 호평을 얻는 정도에 그치는 것을 볼 수 있는데, 이는 그 작품이 새로운 관객을 흥분시킬 만한 힘을 발휘하지 못하기 때문이다.

군중 안에서 팽창되는 것은 오직 감정일 뿐, 그 어떤 경우에도 지성이 확장되지 않는다는 점은 더 이상 언급할 필요도 없다. 개인이 군중에 속해 있다는 사실 하나만으로 그의 지적 수준은 현저히, 또 즉각적으로 약화된다. 이는 타르드(Jean Gabriel de Tarde, 1843-1904)가 군중 범죄를 연구하며 확인한 사항이기도 하다. 결국 군중은 오로지 감정의 영역에서만, 매우 높은 데까지 치솟을 수도 아래로 한없이 곤두박질칠 수도 있는 것이다.

4. 군중의 아집과 독선, 그리고 보수주의

군중은 단순하고 극단적인 감정만을 지니기 때문에 그들에게 암시된 견해, 의견, 신념 등은 단번에 받아들여지거나 거부되며, 절대적 진리 혹은 절대적 오류로 간주된다. 논리적 사고에 의해 생성되지 않고 암시적 경로를 통해 결정된 믿음들은 언제나 그러하다. 이를테면 종교적 신앙이 얼마나 편협하며, 인간의 영혼 위에서 얼마나 전제적인 영향력을 행사하는지 모두가 알고 있다.

진실 혹은 거짓에 대해 전혀 의심하지 않는 한편, 다수로서의 위력을 자각하고 있는 군중은 너그럽지 못할 뿐 아니라 권위적이기도 하다. 개인은 반대와 토론을 수용할 수 있으나 군중은 결코 이런 것들을 참아내지 못한다. 대중 집회에서는 가장 가벼운 반론을 제기한 연설가조차 즉시 격분에 찬 고함과 거친 욕설로 응대되며, 이는 곧 구타로 이어지고 급기야 자신의 주장을 고집하지 못하도록 추방당하게 된다. 관리들이 치안을 돌보지 않는다면 반론을 제기하는 사람들은 허구한 날 린치 당할 것이다. 독선과 불관용은 모든 군중 집단의 일반적 특성이지만 다양한 정도차를 보인다. 여기서 민족에 관한 근본 개념을 다시 언급할 수 있다. 민족성은 인간의 모든 감정과 사상에 지배적 영향을 미치기 때문이다. 특히 라틴계 군중에게서 아집과 비타협적 성향이 강하게 드러나는데, 앵글로색슨족에게서 두드러지는 개인의 자주성을 그들은 완전히 파괴했을 정도다. 라틴족 군중은 오직 자신들이 속한 종파의 자립에만 민감하다. 즉각적이고 폭력적인 방식으로 모든 반대자들을 자신들의 신앙에 굴복시키고자 하는 욕구, 이것이 바로 그들의 집단적 독자성의 특징이다. 라틴 민족에게 있어서 종교재판 이래 모든 시대의 자코뱅(과격한 개혁자, 급진주의자 등을 암시 ― 역주)들은 또 다른 자유의 개념에 도달한 적이 없다.

독선과 편협은 군중 안에서 어렵잖게 형성되는 명확한 감정이며, 요구되는 즉시 활용 가능할 뿐 아니라 그만큼 쉽게 받아들여진다. 군중은 권력 앞에서는 매우 순종적인 반면 어진 마음에는 거의 감복하지 않는데, 그들에게 이것은 그저 미약함의 한 형태일 뿐이기 때문이다. 그들은 온후한 주인이 아닌 철저하게 자신들을 짓밟은 전제 군주에게 호감을 느끼면서 가장 높은 동상을 세워 바친다. 군중이 몰락한 폭군을 함부로 짓밟고 멸시하는 까닭은 그가 모든 힘을 잃음으로써 더 이상 두려워할 필요 없는 ― 따라서 무시해도 좋을 ― 약자의 범주로 편입되었기 때문이다. 군중에게 소중한 영웅은 언제까지나 시저와 같은 인물일 것이다. 군중은 그의 투구에 달린 깃털 장식에 매혹되고, 그의 권위를 인정하며, 그의 칼에 겁낸다.

미약한 권위에 언제라도 대항할 준비가 되어 있는 군중은 강한 권력 앞에서는 비굴하게 몸을 낮춘다. 만약 그 권력이 단속적(斷續的)이라면 늘 극단적인 감정을 따르는 군중은 무정부주의와 노예근성 사이를 오갈 것이다.

군중에게 혁명적 본능이 우세하다고 믿는 것은 그들의 심리를 제대로 파악하지 못한 까닭이다. 그들의 폭력성만이 이 지점을 밝혀주는데, 사실 반동적이며 파괴적인 폭동은 언제나 매우 일시적일 뿐이다. 군중은 지나칠 정도로 강하게 무의식에 의해 조종되는 한편, 해묵은 유전적 특성의 지배하에 놓여 있기 때문에 극도로 보수적일 수밖에 없다. 스스로의 폭력성에 매몰되어 정신을 차리지 못하던 그들은 머지않아 자신들의 무질서에 싫증을 느끼게 되고, 곧 본능적으로 예속을 지향하게 된다. 나폴레옹이 모든 자유를 억압하고 냉혹하게 천하를 호령할 때 누구보다 열렬히 환호하며 그를 맞아들인 이들은 자코뱅파 중에서도 가장 오만하며 완고한 인물들이었다.

군중의 보수적 본성을 제대로 파악하지 못한다면 역사를, 더욱이 민중 혁명의 역사를 이해하기는 어려울 것이다. 군중은 체제의 이름을 바꾸기 원하고, 때때로 이러한 변화를 얻기 위해 폭력 혁명을 완수하기도 하지만 종국에는 자신들이 무너뜨린 그 체제로 되돌아갈 수밖에 없다. 모든 제도의 기반은 민족의 세습적 욕구를 반영하는 것이기 때문이다. 그들의 끊임없는 유동성은 피상적 변화만을 야기할 뿐이다. 사실, 군중은 원시인만큼이나 완강한 보수성을 지니고 있다. 전통에 대한 애착과 존중은 가히 절대적이며, 삶의 현실적 조건을 바꿀 수 있는 모든 새로운 것들에 대한 무의식적 혐오는 너무도 깊다. 기계를 이용한 직업들이 생겨나기 시작하고 증기 기관과 철도가 막 발명되던 시기에 민주주의가 오늘날과 같은 위력을 떨치고 있었다면, 이런 업적들은 아예 실현되지 않았거나 몇 차례 피비린내 나는 혁명을 거친 후에야 가능했을 것이다. 과학과 산업의 중대한 발견들이 이미 이루어진 후에 군중의 힘이 발현되기 시작했다는 것은 문명의 발전을 위하여 매우 기쁜 일이다.

5. 군중의 도덕성

만약 우리가 '도덕성'이란 말에 '사회적 관습을 존중하는 마음에 흔들림이 없고, 이기적 충동이 솟아오를 때마다 단호하게 억누를 수 있는 자질'이란 의미를 부여한다면, 지나치게 충동적이며 유동적인 존재인 군중에게서 도덕성을 찾아보기는 힘들 것이다. 그러나 헌신, 자제, 무욕, 자기희생, 공평무사와 같은 품성이 일시적으로 나타나는 것까지 이 단어에 포함시킨다면, 가끔은 군중에게서 굉장히 높은 수준의 도덕성을 발견할 수 있다.

군중을 연구한 심리학자들은 많지 않은데, 그나마도 그들의 범죄행위에만 초점을 맞춰 분석하였으며, 군중 범죄가 비일비재하다는 사실에 주목하여 그들의 도덕성을 매우 낮은 것으로 간주하였다.

물론 많은 예들이 이를 뒷받침한다. 하지만 왜일까? 이는 원시 시대부터 이어져 내려온 파괴적 잔인성이 우리 모두에게 내재되어 있기 때문이다. 단지 그뿐이다. 개인의 삶에서 이러한 원시적 본성을 만족시키는 일은 매우 위험하지만, 책임질 것 없는 군중에 속하여 처벌받지 않는다는 사실이 분명해지면 인간은 본능적 충동에 따를 자유를 얻게 된다. 인류, 즉 동족들에게는 일상적으로 이러한 파괴 본능을 행사할 수 없으므로, 우리는 동물들을 이용하여 욕구를 해소하는데 만족한다. 사냥에 대한 열정과 군중의 잔인성은 그 기원이 같다. 무방비 상태의 희생자를 서서히 살육하는 군중의 행위는 매우 비겁한 잔혹성의 발로이지만, 철학자에게는 이러한 잔혹성이 자신들이 풀어 놓은 개들에게 물어뜯기는 불쌍한 사슴을 구경하며 희열을 맛보기 위해 열 두엇씩 무리지어 몰려드는 사냥꾼들의 본성과 매우 흡사하게 해석되는 것이다.

만약 군중이 살인, 방화 등 모든 형태의 범죄를 저지르는 것이 가능하다면 헌신과 희생을 감수하고 무욕무사의 선행을 펴는 것역시 가능하다. 오히려 격리된 개인보다 훨씬 더 높은 차원의 고결한 일들을 해낼 수도 있다. 이는 군중 속 개인이 자신의 목숨을 내놓을 만큼 강렬하게 영광, 명예, 신앙 또는 애국심 등에 의해 자극받을 때 가능해진다. 역사 속에는 십자군 병사들이나 1793년의 자발적 지원병들과 같은 예로 넘쳐난다. 오직 집단만이 위대한 무사무욕과 헌신을 감행할 수 있다.

겨우 가까스로 이해한 말이나 사상, 신념을 지키기 위해 얼마나 많은 군중이 영웅적으로 죽어갔는가. 또, 비록 미약하나마 그럭저럭 만족하고 있는 급여를 올리기 위해서라기보다는 그저 행동지침에 따르기 위해 집단 파업에 참여하는 사람들이 얼마나 많은가. 이렇듯 개인행동에 있어서 거의 절대적 동인으로 작용하는 사적 이익이 군중 행위를 유발하는 강한 동력이 되는 경우는 드물다.

대개 그들의 지적 수준으로는 이해하기 힘들었을 수많은 전쟁에서, 사냥꾼의 거울에 걸려들어 정신이 몽롱해진 종달새보다도 더 쉽게 목숨을 내놓은 군중을 이끈 것은 분명 사리사욕이 아니었던 것이다.

가장 지독한 악당들조차도 '군중 속에 있다'는 사실 하나로 인해 순간적이나마 매우 엄격한 도덕성의 원칙들에 따르게 되는 일은 허다하다. 텐은 1792년 9월의 학살자들이 마음만 먹었다면 무리 없이 갈취할 수 있었을 희생자들의 지갑과 보석들을 위원회의 탁자 위에 고스란히 올려놓았다는 사실을 지목한다. 1848년 혁명 기간 동안 튈르리 궁에 난입했던, 요란스럽게 우글거리던 극빈층의 군중은 그들의 마음을 사로잡았을 — 또한 수많은 날들의 양식과 맞바꿀 수 있었을 — 귀중품 중 어느 하나에도 손대지 않았다.

군중에 의한 개인의 교화는 항시적 규칙은 아니지만 자주 발견되는 규칙임엔 틀림없다. 이는 방금 내가 예로 든 것보다 훨씬 덜 심각한 상황에서도 발견된다. 앞서 언급했듯이 극장의 객석에 앉은 군중은 무대 위 영웅에게 완전무결한 성품을 요구한다. 아주 저열한 개인들로 구성된 관중일지라도 무척이나 신중한 모습을 보인다. 흔히 전문적 도락가, 포주, 빈정거리기 좋아하는 깡패들이 대담한 장면이나 외설스런 대사들에 대해 불평하곤 한다. 자신들의 일상적 언어생활에 비추어볼 때 정말 아무렇지도 않은 표현들임에도 불구하고 말이다.

그러므로 군중은 하위 본능에 쉽게 스스로를 내맡기기도 하는 반면, 때로는 성숙한 도덕 행위의 본보기를 제시하기도 하는 것이다. 만약 무사무욕, 희생의 감수, 공상적 혹은 현실적 이상을 위한 절대적 헌신 등이 윤리적 미덕이라면, 군중은 가장 위대한 현자들도 다다르지 못한 높은 경지의 덕성을 지녔다고 말할 수 있다. 물론 그들이 의식적으로 덕을 실천하는 것은 아니지만 그게 뭐 그리 중요한가. 군중이 무의식에 이끌리며 거의 사유하지 않는다는 사실에 안타까워하지 말자. 만약 그들이 이성적으로 사고하고 목전의 이익을 따졌다면 아마 지구상에서 그 어떤 문명도 발전하지 못했을 것이며, 인류 역사란 존재하지도 않았을 것이다.

3장
군중의 사상, 사유 그리고 **상상력**

1. 군중의 사상

　　이전의 저작(〈민족 발달의 심리적 법칙들 Lois psychologiques de l'évolution des peuples, 1894 — 역주)에서 '민족의 발달 과정에서 사상이 차지한 역할'에 관해 연구하며 나는 각각의 문명이 거의 쇄신되지 않은 소수의 근본 사상들로부터 시작되었다고 밝힌 바 있다. 또한 이 사상들이 얼마나 어렵게 군중의 영혼에 스며들고, 어떻게 그 안에서 확립되는지, 또 일단 군중의 영혼에 침투한 후에는 얼마나 큰 영향력을 지니게 되는지 설명하였다. 뿐만 아니라 거대한 역사적 혼란은 대개 이러한 근본 사상들의 변화로부터 비롯된다는 사실을 확인하였다.

　　이 주제에 관하여 충분히 논하였으므로 지금 여기에서 다시 언급하지는 않을 것이다. 다만, 군중이 접근할 수 있는 사상들은 어떤 것이며, 그들은 어떤 식으로 그 사상들을 받아들이는지에 관해 간략하게 짚고 넘어가겠다.

이러한 사상은 두 가지로 분류될 수 있다. 우선, 순간의 영향 하에서 우연히 생성된 일시적 사상들을 들 수 있는데, 이를테면 한 개인이나 교리에 대한 열광 등이 그것이다. 한편 사회 계층, 세습, 여론 등의 뒷받침으로 매우 강한 안정성을 획득한 근본 사상들, 예컨대 과거의 종교적 신앙이나 오늘날의 민주주의 및 사회주의 이념 등이 있다.

근본 사상은 천천히 흐르는 깊은 강물에 비유될 수 있다. 반면, 일시적 사상은 수면 위에서 쉴 새 없이 동요하는 작은 파도들과 같아서 비록 실질적 중요성은 없음에도 불구하고 강물 자체의 흐름보다 더 눈에 띄기 마련이다.

오늘날 우리 선조들이 경험한 위대한 근본 사상들은 점점 더 비틀거리고 있다. 견고함을 잃었을 뿐 아니라 그것을 기반으로 세워졌던 제도들까지도 심각하게 흔들리고 있다. 하찮고 가변적인 사상들이 날마다 수도 없이 생성되고 있지만, 그 가운데 발전적 양상을 보이거나 중대한 영향력을 미칠 것으로 짐작되는 것은 거의 없다.

군중에게 암시된 그 어떤 사상이든 간에 아주 절대적이고 단순한 형태로 포장되지 않고서는 지배적인 영향력을 행사할 수 없다. 따라서 그것들은 이미지로 형상화되는데, 그렇지 않으면 대중들이 접근하기 힘들다. 이렇게 이미지화한 개념들은 그들 간에 유추든 연속이든 불문하고 아무런 논리적 연관성도 지니지 못하며, 조작자가 상자 속에서 무작위로 끄집어내어 스크린에 투사하는 환등기의 유리판들처럼 서로 대체될 수 있다.

바로 이러한 까닭에 우리는 흔히 군중 속에서 서로 모순되는 사상들이 나란히 자리 잡고 있는 것을 보게 된다. 순간이 빚어내는 우연에 따라 군중은 그들의 오성(悟性) 안에 축적된 다양한 사상들 중 하나의 영향 하에 놓이게 되며, 결국 서로 어울리지 않는 상충적인 행위들을 저지르는 것이다. 비판 정신의 결여로 인해 그들은 그 행위들의 논리적 모순을 인식하지 못한다.

이것이 비단 군중에게만 국한된 현상은 아니다. 특히 원시인들에게서 두드러지긴 하지만 그들뿐 아니라 특정 종파의 맹목적 신봉자들처럼 정신 상태의 한 부분이 원시인에 가까운 많은 개인들에게서도 이러한 모습을 발견할 수 있다. 나는 유럽의 대학에서 교육받고 학위를 취득한 인도의 지식인들에게서 이 같은 현상을 목격하였다. 그들의 종교적 신념, 혹은 사회적 관습의 확고부동한 토대 위에 그것과 아무 상관없는 서구 사상의 기반이 그것을 변질시키지 않는 범위 내에서 겹쳐져 있었다. 때에 따라 이러한 사상들은 각각의 정황에 걸맞은 행위와 언설로 발현되었으며, 그 때문에 한 인물에게서 가장 명백하게 모순적인 태도가 드러나곤 했다. 그러나 이러한 모순들은 실질적이기보다는 피상적인데, 개인의 행동을 이끌기에 충분한 힘을 지닌 요인들은 오직 세습적 사상들

뿐이기 때문이다. 이민족 남녀의 결합으로 태어나 서로 다른 유전적 충동 사이에 놓이게 된 인간의 행위만이 실제로, 언제나 완벽하게 모순적일 수 있다. 이 현상들은 심리학적으로 중요하긴 하지만 여기에서 중점적으로 다룰 필요는 없다고 생각한다. 이를 이해하려면 적어도 십 년 동안은 세상 곳곳을 여행하고 견문을 넓혀야만 할 것이다.

군중에게 쉽게 다가가기 위해 극히 단순한 형태로 포장된 사상들은 대중에게 널리 보급되기 위해 종종 완벽하게 탈바꿈해야 한다. 특히 어느 정도 높은 수준의 철학적, 혹은 과학적 개념들을 군중의 눈높이까지 끌어내리기 위해서 요구되는 변형의 폭은 매우 넓다. 군중의 부류와 그들이 속한 민족에 따라 수정의 내용은 달라지지만, 어떤 사상이든 언제나 더 축소되고 단순해지는 것은 마찬가지다. 이 때문에 다소 고결한 사상들 간의 위계는 사회적 관점에서 사실상 거의 존재하지 않는다. 본래 무척이나 위대하고 진실했던 사상일지라도 군중에게 도달하여 그들을 동요시킬 수 있었다는 사실 하나만으로 그 고귀함과 위엄을 이루던 모든 것으로부터 멀어지게 된다.

하기야, 한 사상의 위계적 가치는 전혀 중요하지 않다. 주목해야 할 것은 바로 그 사상이 초래하는 결과다. 중세의 기독교 사상, 18세기의 민주주의 사상, 오늘날의 사회주의 사상 등은 그리 수준 높은 것이 아니며, 철학적 견지에서 이들은 꽤나 초라한 오류로 인식될 수밖에 없다. 그럼에도 불구하고 그 역할은 막중했으며,

앞으로도 그러할 것이고, 오랫동안 국가 행보의 결정적 요인들로 간주될 것이다.

군중에게 접근 가능할 만큼 수정된 사상일지라도 차후에 설명할 다양한 경로를 통해, 그들의 무의식 속에 스며들어 하나의 감정으로 자리 잡은 후에만 그 영향력을 행사할 수 있다. 이러한 변형 과정에는 꽤 긴 시간이 소요된다.

더구나 어떤 사상의 정당성이 입증되었다고 해서 즉시 사람들에게 효력을 미칠 수 있을 것이라고 생각해서는 안 된다. 심지어 교양 있는 사람들에게조차 마찬가지이다. 더할 나위 없이 명확한 논증이 대부분의 인간들에게 얼마나 적은 영향력을 행사하는가를 보면 이 점을 빠르게 이해할 수 있다. 교육받은 사람은 현저한 명증 앞에서 고개를 끄덕일 것이다. 그러나 그는 금세 자신의 무의식에 이끌려 원시적 관념들로 되돌아갈 테고, 며칠 후면 다시 토씨 하나 틀리지 않고 같은 표현들을 사용해가며 예전의 주장을 반복할 것이다. 왜냐하면 그는 이미 '감정'으로 변화하여 굳게 자리 잡은 사상의 지배하에 놓여 있기 때문이다. 우리의 행위와 언설에 심층적 동기를 부여하는 것은 오직 이러한 사상들뿐이다.

다양한 과정을 통해 군중의 영혼에 침투한 사상은 뿌리칠 수 없는 힘을 지니게 되며, 그에 따라 일련의 피치 못할 결과들이 발생한다. 프랑스 혁명으로 이어진 철학적 개념들이 군중의 가슴에 뿌리내리기까지는 거의 한 세기 가량이 걸렸다. 그렇게 확립된 사상이 얼마나 강한 위력을 발산하는지 우리는 잘 알고 있다. 사회적 평등, 추상적 권리, 이상적 자유의 실현을 향한 한 민족 전체의 도약은 모든 왕권을 뒤흔들었으며, 서구 사회 전체를 깊이 전복시켰다. 20년 동안 각 민족들은 서로를 향해 돌진했고, 칭기즈 칸과 티무르마저 오싹하게 할 대량 학살이 유럽에서 자행되었다. 감정의 향방을 바꿀 수 있는 사상의 분출이 어떤 결과를 초래하는지 이토록 선명하게 드러난 적은 일찍이 없었다.

사상이 군중의 영혼 깊숙이 자리 잡는 데에 오랜 시간이 걸리듯, 군중이 그 사상으로부터 빠져나오는 데에도 만만치 않은 시간이 필요하다. 그러므로 군중은 언제나 사상에 있어서 식자층과 철학자들보다 몇 세대 뒤처지게 된다. 오늘날 모든 정치가들은 내가 앞서 언급한 근본 사상들이 지니는 오류를 잘 알고 있음에도 불구하고, 사실 자신들은 더 이상 믿지도 않는 원칙에 따라 통치할 수밖에 없다. 그것이 군중에게 행사하는 영향력은 여전히 막강하기 때문이다.

2. 군중의 사유

군중은 결코 이성적으로 사고하지 못하며, 사유의 영향을 전혀 받지 않는다고 무조건적으로 말할 수는 없다. 하지만 그들이 활용하거나 그들에게 영향을 미치는 주장들은 논리적 관점에서 봤을 때 너무나도 조야한 것이어서, 그나마 유비(類比)에 의해서만 '사유'라 칭할 수 있을 것이다.

수준 높은 사유가 그러하듯 군중의 저급한 사유 역시 관념의 연합에 근거하고 있다. 그러나 군중에 의해 연결된 관념들 간에는 유추나 연속에 의한 피상적 연관성 외에 아무런 연결 고리도 찾을 수 없다. 군중의 생각들은 그저 연속적으로 이어지는데, 이는 입에 들어간 얼음이 녹는다는 사실을 경험으로 알게 된 에스키모가 얼음처럼 투명한 고체인 유리 역시 입 안에서 녹으리라고 짐작하는 것과 마찬가지다. 또는 용감한 적의 심장을 먹음으로써 그의 용맹을 획득하게 되리라 상상하는 야만인이나, 한 고용주에게 착취당한 것으로 말미암아 즉각 모든 고용주는 착취자일 것이라고 결론짓는 노동자의 사고방식과도 다르지 않다.

그저 겉보기에 비슷할 뿐인 상이한 사물들을 관련짓고, 특수한 문제를 즉각적으로 일반화하는 것이 군중적 사유의 속성이다. 군중을 다룰 줄 아는 연설가들은 언제나 이런 수준의 관념적 연합만을 이용하는데, 오직 이것만이 군중에게 영향을 미친다. 그들에게 논리적 사유의 고리는 완전히 불가해한 것이며, 바로 이런 까닭에 군중은 사유하지 않거나 제대로 사유하지 못하며, 사유에 의해 지배되지 않는다고 말할 수 있다. 이따금 우리는 군중 앞에서 낭독되는 순간에는 엄청난 위력을 행사했던 연설문을 정독하면서 그것이 사실은 꽤나 부실한 원고였다는 점을 깨닫고 깜짝 놀라곤 한다. 그러나 사상가들에 의해 읽히기 위해서가 아니라 집단의 마음을 사로잡기 위해 쓰인 글이라는 점을 감안하면 별로 놀라울 것도 없다. 군중과의 친밀한 소통을 나누는 웅변가는 청중을 매혹시킬 만한 이미지를 그려낼 줄 안다. 그가 성공한다면, 그의 목표는 달성된 것이다. 스무 권의 장황한 연설문은 설득하고자 하는 대상의 뇌리에 명중한 몇몇 문장들만큼의 가치를 지니지 못한다.

사유에 무능한 군중은 비판력 또한 미약하여 진실과 거짓을 구분하거나 정확한 판단을 내리는 것이 불가능하다는 점을 덧붙여 설명할 필요는 없으리라. 군중이 받아들이는 의견은 강요된 것이며, 결코 토론에 의해 도출된 것이 아니다. 이 지점에 있어서 군중보다 나을 바 없는 개인들이 허다하다. 어떤 견해가 쉽게 일반화되는 것은 인간들 대부분이 스스로의 사유에 근거한 의견을 제시하지 못한다는 사실과 밀접하게 연관되어 있다.

3. 군중의 상상력

사유의 간섭을 받지 않는 모든 존재들에게 그러하듯 군중의 상상력은 매우 풍부하고 활동적이며, 깊이 자극받는다. 인물, 사건, 사고(事故)에 의해 그들의 머릿속에 그려진 이미지는 마치 실제로 존재하는 것만큼이나 생생하다. 수면(睡眠) 상태에 있는 사람처럼 군중의 이성은 일시적으로 마비되고, 극단적 이미지들이 돌출하여 머릿속 여기저기서 난무한다. 사고력으로 통제할 수 있었다면 이런 심상들은 금세 사라졌을 것이다. 한편, 사고도 사유도 불가능한 군중에게는 비사실적인 것에 대한 개념이 없는데, 대체로 가장 비사실적인 것이 가장 눈길을 끌게 마련이다.

이 때문에 무엇보다 강렬하게 군중을 사로잡는 것은 언제나 사건의 불가사의하고 신화적인 측면이다. 한 문명을 면밀히 살펴보면 바로 경이와 전설이야말로 그것의 진정한 버팀대임을 알 수 있다. 비현실이 현실 위에 군림하는 역사 속에서 허상은 늘 실상보다 중요한 역할을 해왔다.

군중은 오직 이미지에 의해서만 뭔가 떠올리며, 이미지에 의해서만 동요된다. 이미지만이 그들을 겁주고, 유혹하며, 구동(驅動)한다.

가장 선명하고 가시적인 형태의 이미지를 제공하는 연극적 재현은 언제나 군중에게 커다란 영향력을 행사했다. 고대 로마의 평민들에게 이상적 행복의 조건은 빵과 공연이었으며, 그 밖의 것은 필요없었다. 시대가 변했어도 이러한 상황은 별로 달라지지 않았다. 연극보다 더 군중의 상상력을 자극하는 것은 없다. 한편, 관객 모두가 동시에 같은 감정을 느낌에도 불구하고, 이 감정들이 곧장 행위로 이어지지 않는 까닭은 아무리 분별없는 관객일지라도 자신은 그저 환상의 희생물이며, 단지 공상적인 모험 앞에서 울고 웃는 것이라는 사실을 모를 수는 없기 때문이다.

그러나 가끔은 이미지에 의해 암시된 감정들이 너무나 강렬해서 보통의 암시들처럼 행위로 전이되는 경향을 보인다. 이미 수도 없이 회자된 이야기지만 우울한 비극만을 상연하던 어느 대중 극장에서는 매번 공연이 끝난 후 배신자 역할을 했던 배우가 출구로 나올 때마다 특별히 호위해야 했는데, 극중 범죄에 격분한 관중들의 폭력으로부터 그를 보호하기 위해서였다. 군중의 정신 상태와 관련하여 가장 주목할 만한 징후, 특히 얼마나 쉽게 그들을 암시할 수 있는지를 드러내는 징표가 바로 여기 있다고 본다. 군중에게 비현실은 현실만큼이나 중요하다. 그들은 이 둘을 구분하지 않는 뚜렷한 경향을 보인다.

지배자의 위력과 국가의 권력은 바로 민중의 상상력 위에서 확립된다. 상상력을 동요시켜 군중을 이끄는 것이다. 위대한 역사적 사건들, 불교·기독교·이슬람교의 탄생, 종교개혁, 프랑스 혁명, 그리고 오늘날 위협적으로 만연해 있는 사회주의는 모두 군중의 상상력 위에 생성된 강한 인상들의 직간접적 결과이다.

그렇기에 시대와 국가를 막론하고 가장 위대한 통치자들은 ─ 절대적 독재 군주를 포함하여 ─ 대중의 상상력을 권력의 기반으로 삼았으며, 결코 그것에 반하여 국가를 다스리지 않았다. 나폴레옹은 국가위원회에서 다음과 같이 말했다.

"나 스스로 가톨릭 행세를 하며 방데 전쟁(La guerre de Vendée, 1793-1796, 프랑스 혁명기 국민공회의 국민 총동원령에 반대하여 가톨릭을 신봉하던 방데 지방 농민들을 중심으로 일어난 반혁명운동 및 내전 ─ 역주)을 치렀고, 이집트에서는 무슬림 노릇을 하면서 내 위상을 굳혔으며, 교황권 지상주의자인 척 하면서 이탈리아 사제들의 환심을 샀다. 만약 내가 유대 민족을 통치한다면 여호와의 신전을 세울 것이다."

알렉산더와 시저 이래 그 누구도 군중의 상상력이 어떤 식으로 움직이는지에 대해 이보다 뛰어나게 간파하지는 못했다. 군중의 상상력을 자극하는 일은 그의 변함없는 관심사였다. 승리에 취해 있을 때도, 장황한 연설과 화법에서도, 무슨 행동을 하든지 간에 이 점을 고민했던 그는 죽을 때조차도 그것에 대해 심사숙고했다.

어떻게 군중의 상상력을 요동치게 하는가. 이에 대해서는 곧 언급할 것이다. 여기에서는 그저 그것이 결코 지성과 이성에 호소하면서, 즉 설명을 통해서 가능한 일은 아니라는 사실만 말하고 넘어가겠다. 시저의 암살자들에 대항하여 반동을 일으키도록 민중을 선동하던 안토니우스에게 필요했던 것은 난해한 수사법이 아니었다. 그는 단지 그들에게 시저의 시체를 보여주며, 그의 유서를 읽었다.

군중의 상상력을 후려치는 모든 것은 하나같이 충격적이고 선명한 이미지의 형태를 띠는데, 이는 몇몇 신비스런 사건 — 위대한 승리, 놀라운 기적, 중대한 죄, 커다란 희망 등 — 을 곁들이는 것 외에 일체의 부수적 설명으로부터 벗어난 것이다. 무엇이든 단번에 보여줘야 하며, 그 유래를 밝히지 말아야 한다. 백 가지 작은 범죄들이나 작은 사고들은 군중의 상상력을 자극하지 못한다. 반면, 단 하나의 극악무도한 범죄나 심각한 사고는, 소규모 사고들로 인한 인명 피해 수치를 전부 합한 것과는 비교도 안 될 정도로 적은 희생자를 냈을지라도 군중의 폐부를 깊이 찌를 것이다. 몇 해 전의 전염성 독감은 몇 주 만에 파리에서만 5천 명의 목숨을 앗아갔음에도 불구하고 군중의 상상력에는 별다른 영향을 끼치지 못했다. 이 진정한 대량 살육은 가시적 이미지로 변환되지 못하고 그저 주간 통계 수치로 전달되었기 때문이다. 반면에 단 하루 동안 광장에서 일어난 ― 이를테면 에펠탑이 무너진다든가 하는 ― 눈에 띄는 사건이라면 5천 명이 아니라 그저 5백 명의 희생자를 내더라도 군중에게는 엄청난 인상을 남길 것이다. 연락 두절로 인해 바다 한 가운데서 침몰했을 것으로 추정되던 대서양 횡단 여객선 한 척의 유실 가능성은 일주일 간 군중의 뇌리에 깊이 박혀 있었다. 공식 통계에 따르면 같은 해에 1천 여 개의 건물이 무너졌다고 한다. 그러나 이렇게 띄엄띄엄 일어난 참사에 대해서 군중은, 인적·물적 피해 규모로 봤을 때 앞서 말한 대서양 횡단 여객선에 비할 바가 아님에도 불구하고 별다른 관심을 기울이지 않았다.

따라서 군중의 상상력을 건드리는 것은 사건 그 자체가 아니라 그것이 분류되고 소개되는 방식이다. 이런 표현이 허락된다면 사건들은 스스로를 응축시켜서라도 대중의 머릿속에 들어앉아 끊임없이 괴롭힐 만한 강력한 이미지를 만들어내야 할 것이다. 군중의 상상력을 동요시킬 줄 안다는 것은 결국 그들을 다스릴 줄 안다는 것을 의미한다.

4장

종교적
형태를 띤
군중의 신념

군중은 사유하지 않으며, 어떤 사상이든 단숨에 받아들이거나 거부하고, 이의와 반론을 견디지 못하는 한편, 그들에게 영향을 미치는 암시적 제안은 그들의 오성 전체를 정복하여 곧장 행위로 전환됨을 보았다. 또한 암시에 의해 쉽게 조종당하는 군중은 자신들에게 제시된 이상을 위해 기꺼이 희생할 준비가 되어 있으며, 그들의 감정은 과격하고 극단적일 뿐이라는 사실을 확인하였다. 호감은 금세 숭배로 자라나고, 미미한 반감은 순식간에 증오로 변한다. 이러한 일반적 지표들을 통해 우리는 그들 신념의 본질이 무엇인지 미루어 짐작할 수 있다.

면밀히 살펴보면 확고한 신앙의 시대에도, 또 18세기와 같은 중요한 정치 변동의 시대에도 군중의 신념은 언제나 독특한 형태를 띠고 있음을 알 수 있는데, 이를 '종교적 감정'이라 명명하는 것보다 더 나은 정의는 없을 듯하다.

이 감정은 다음과 같이 매우 단순한 특성을 갖고 있다 : 우월하다고 추정되는 존재에 대한 숭앙심, 그가 지니고 있을 마술적 위력에 대한 두려움, 그의 계명에 대한 맹목적 복종, 결코 그의 교리에 의문을 제기할 수 없다는 사실과 전도하고 싶은 욕구, 그것을 수용하지 않는 모든 이들을 적으로 간주하는 경향.

보이지 않는 유일신을 향하든, 돌이나 나무로 만든 우상에게 쏠리든, 영웅이나 정치적 이념에 적용되든, 그 어떤 경우에도 이러한 감정은 본질적으로 종교적이다. 뿐만 아니라 초자연적이고 기적적인 측면 또한 발견된다. 무의식적으로 군중은 정치적 선전 문구나 잠시 그들을 열광케 하는 승리한 지도자에게 신비로운 힘을 부여한다.

반드시 신을 섬겨야만 종교적인 것은 아니다. 한 인간이 자신의 의지를 완벽하게 굽힌 채 지적 잠재력 일체와 광신도의 열정 전부를, 그 자체로 목적이며 모든 사고 및 행위의 인도자가 되어버린 어떤 신조나 존재를 위해 바치며 순종할 때, 그 역시 종교적이라 할 수 있다.

편협과 열광은 종교적 감정의 흔해빠진 부속물로서, 현세적 혹은 영구적 행복의 비밀을 간직하고 있다고 믿는 모든 이들에게서 불가피하게 드러난다. 이 두 가지 성향은 어떤 신념에 의해 자극받은, 무리에 속한 모든 인간들에게서 발견된다. 공포 정치기의 자코뱅파는 본질적으로 종교 재판 당시의 천주교인들만큼이나 종교적이었으며, 두 집단의 잔혹한 열기는 그 원류를 같이 한다.

군중의 신념 역시 맹목적 복종, 악착같은 독선, 과격한 포교의 욕구 등 종교적 감정에서 기인하는 특징들로 덧칠되어 있다. 모든 믿음은 종교적 형태를 띤다고 말할 수 있는 이유가 바로 여기 있는 것이다. 군중으로부터 열렬한 환호를 받는 영웅은 그들에게 있어서 진정한 신이다. 나폴레옹은 15년 동안 그런 대접을 받았으며, 그 어떤 신적 존재도 그만큼 열렬한 신봉자들을 얻지는 못했다. 그보다 더 쉽게 사람들을 전장으로 내몰 수 있었던 이는 아무도 없었다. 다신교의 신들도, 크리스트교의 유일신도 결코 자신들이 정복한 영혼 위에 그토록 절대적인 왕국을 세우지는 못했다.

모든 종교적 신앙과 정치적 신념은 그것의 주창자들이 그 대상을 향한 열광적 감정을 군중 안에 심어주었기 때문에 확립될 수 있었다. 광적 경앙(敬仰) 상태에 도취된 인간은 숭배와 복종 안에서 희열을 느끼며, 우상을 위해서라면 언제라도 목숨을 내놓을 준비가 되어있다는 사실을 그들은 잘 알았던 것이다. 이는 어느 시대에나 마찬가지였다. 퓌스텔 드 쿨랑주(Fustel de Coulanges, 1830-1889)는 갈리아에 관한 훌륭한 저서에서, 로마 제국은 힘에 의해서가 아니라 군중으로부터 이끌어낸 종교적 찬미에 의해 유지되었음을 정확하게 지적하고 있다.

"인류 역사상 민중으로부터 미움 받은 체제가 5세기 이상 지속된 예는 없을 것이다. … 30개 군대가 1억 명의 사람들을 힘으로 억압하여 순종케 했다고 설명하는 것은 불가능하다."

그들이 복종했다면 이는 로마 제국의 위대함을 표상하는 황제를 그들 모두가 일종의 신처럼 받들어 모셨다는 얘기다. 제국의 가장 작은 촌락 안에도 황제를 위한 제단이 갖춰져 있었다.

"당시 로마 제국의 전 영역에 걸쳐 황제를 신성시하는 일종의 신흥 종교가 민중의 영혼 속에서 움트고 있었다. 기독교가 도래하기 몇 해 전, 60개의 도시국가로 대표되는 갈리아 전체가 리옹 시 근처에 아우구스투스를 위한 공동 사원을 건립하였다. 갈리아 도시국가 회의에서 선출된 사제들은 당시 각국 최고의 유력인사들이었다. 이 모든 것을 권력에 대한 두려움이나 노예근성의 발로라고 볼 수는 없다. 전 민족이, 그것도 3세기 동안이나 그렇게 비굴한 상태로 머물 수는 없는 것이다. 왕자를 흠모한 궁정의 신하들 얘기가 아니다. 그것은 로마 전체였다. 아니, 그것은 로마뿐이 아니었다. 갈리아였으며, 스페인이었고, 그리스였고, 아시아였다."

대중의 마음을 사로잡은 오늘날의 위대한 정복자들은 그 옛날의 제단 대신 동상이나 초상 등을 갖고 있지만, 그들을 향한 예찬은 과거의 지배자들이 누리던 것과 크게 다르지 않다. 군중에게 신이 되거나 아무 것도 못 되거나 결국 둘 중 하나다. 군중 심리의 근본 문제인 이 점을 제대로 파악한 연후에야 비로소 조금이나마 역사철학을 이해할 수 있다.

여기에서 말하는 종교적 감정이 과거 다른 시대에 이성으로부터 완전히 쫓겨나버린 미신을 뜻한다고 보아서는 안 된다. 이성과의 부단한 전투에서 감정은 단 한 번도 패한 적 없다. 이제 군중은 그토록 오랫동안 복종해온 신이나 종교로부터 더 이상 어떤 말도 듣고 싶어 하지 않는다. 그러나 그 어떤 시대에도 군중은 최근 한 세기 동안 세워진 것만큼 많은 동상이나 제단을 세우지는 않았으며, 이토록 많은 물신을 섬긴 적도 없었다. 최근 몇 년 간, 불랑제주의(Boulangisme)라 불리는 민중 운동을 연구한 이들은 군중의 종교적 본성이 얼마나 쉽게 되살아나는지를 확인하였다. 마을 여관마다 그(Georges Boulanger, 1837-1891)의 초상화가 걸려 있었으며, 사람들은 그에게 모든 부정과 악을 치유할 수 있는 힘이 있다고 믿었다. 아마도 그를 위해서라면 수천 명의 남자들이 목숨을 바쳤을 것이다. 만약 그가 자신의 전설을 뒷받침할 만한 성격의 소유자였다면 역사 속에서 그 어떤 자리라도 차지할 수 있었을 것이다.

그러므로 군중에게 종교가 필요함을 또다시 언급하는 것은 쓸데 없는 일이다. 모든 정치적, 신적, 사회적 믿음은 토론의 여지를 남기지 않는 종교적 색채를 띨 때에만 형성될 수 있다. 만약 무신론이 군중에 의해 받아들여졌다면 그것 역시 신앙심만큼이나 편협한 열기를 발산했을 테고, 오래지 않아 외형적으로 종교적 양식을 갖추게 되었을 것이다. 실증주의 종파의 진화는 우리에게 재미있는 증거를 하나 제시한다. 이는 심오한 사상을 지닌 도스토예프스키가 우리에게 들려주는 이야기 속의 허무주의자가 겪은 것과도 유사하다. 어느 날 갑자기 이성에 의해 깨우침을 얻은 그는 성당의 제단 위를 꾸미고 있던 성화들을 부수고 촛불을 껐다. 그리고 즉시 그림들이 놓여 있던 자리를 뷔히너(Ludwig Büchner, 1824-1899)나 몰레스호트(Jakob Moleschott, 1822-1893) 같은 몇몇 무신론자들의 저서로 채우고는 다시 경건하게 촛대에 불을 붙였다. 신심(信心)의 대상은 달라졌지만 과연 종교적 감정 그 자체가 변한 것일까?

반복하건대 역사적 사건들, 정확히 말하자면 그 중에서도 가장 중요한 사건들을 이해하기 위해서는 군중의 신념을 감싸는 종교적 형태에 대해 제대로 파악해야만 한다. 자연주의자로서가 아닌 심리학자의 방법론으로 접근해야만 하는 사회 현상들이 있는 것이다. 위대한 역사학자인 텐은 오직 자연주의적 입장에서 프랑스 혁명을 연구했기 때문에 수많은 사건들의 실질적 유래를 밝혀낼 수 없었다. 그는 현상을 정확하게 관찰했지만 군중심리를 공부하지 않은 까닭에 언제나 사건의 요인들을 짚어내는 데까지 이르지는 못했다. 대서사시의 주인공들을 접하며 피비린내 날 정도로 잔혹하고 무정부주의적인 면모에 질겁한 그는, 그들에게서 그저 아무런 구속도 받지 않고 본능에 스스로를 맡기는 광포한 야만인 무리 외에는 보지 못했다. 프랑스 혁명의 폭력성, 살상, 프로파간다의 필요성, 왕들에 대한 선전포고 등은 군중의 영혼 속에서 새로운 신앙이 확립되고 있었음을 고려할 때에만 설명될 수 있는 것이다. 종교 개혁, 생-바르텔르미 대학살(1572년 8월 24일, 생-바르텔르미Saint-Barthélemy 축일에 파리에서 발생한 가톨릭의 신교도 학살 사건 — 역주), 종교 전쟁, 종교 재판, 공포 정치 등은 다 같은 현상이다. 일말의 동정도, 연민도 없이 새로운 신앙의 확립에 반대하는 모든 것에 칼과 불을 들이대도록 부추기는 종교적 감정에 격앙된 군중에 의해 완성된 사건들이었다. 종교 재판의 방법론은 확고한 신념을 가진 모든 이들의 방법론과 같았다. 다른 방법을 이용하였다면 아마 그들은 그만큼 확신에 찬 인물들이 아니었을 것이다.

앞서 인용한 것과 유사한 역사적 격동들은 오직 군중의 영혼에 의해서만 유발된다. 아무리 절대적인 독재자라 하더라도 그것을 막지는 못할 것이다. 생-바르텔르미 학살이 한 사람의 왕에 의해 일어난 것이라고 말하는 역사학자는 자신이 왕과 군중의 심리 중 어느 것도 이해하고 있지 못하다고 말하는 것과 같다. 이러한 사건은 군중의 마음에서 기인할 수밖에 없으며, 가장 전제적인 왕국의 최고 권력자일지라도 결정적 순간을 앞당기거나 늦추는 것 이상의 역할을 하지는 않는다. 공포 정치가 로베스피에르(Maximilien de Robespierre, 1758-1794), 당통(Georges Jacques Danton, 1759-1794), 생-쥐스트(Louis Antoine de Saint-Just, 1767-1794)의 업적이 아니듯이 생-바르텔르미 학살이나 종교 전쟁이 왕들에 의해 치러진 것은 아니다. 이러한 사건들 뒤에는 언제나 군중 정신이 있었다.

제2부

군중의
신념과 여론

사회적 피라미드의 맨 밑에서 꼭대기에 이르기까지
다양한 출신 성분의 수많은 학위 취득자들이 직업을 얻기 위해 몰려들고 있다.
그런데, 식민지로 보낼 대리인을 찾지 못해 쩔쩔매는 도매업자가 있는 반면,
일개 말단 공무원직에는 수천 명의 지원자가 쇄도하는 것이다.

1장
군중의 **신념**과
여론 형성의
간접적 요인들

앞서 군중의 정신 구조에 관해 고찰한 우리는 그들이 어떤 방식으로 느끼고, 생각하고, 사유하는지를 안다. 이제 군중의 신념과 여론이 어떻게 생성되며, 확립되는지를 살펴보자. 이를 결정하는 요소는 간접적 요인과 직접적 요인으로 나뉜다.

군중으로 하여금 어떤 신념을 수용하게 하는 한편 그 외의 신념을 거부하게 만드는 간접적 요인은 놀라운 힘과 성과를 보여주는 ― 그러나 오직 외관상으로만 자연발생적인 ― 새로운 사상들이 돌연히 출현할 기반을 마련한다. 군중 안에서 사상이 분출하고 실제로 적용되는 일이 때때로 무척이나 급작스레 일어나는 듯 보이지만 이는 그저 표면적 결과에 지나지 않으며, 우리는 그 이면에서 오랫동안 이루어져온 노작(勞作)의 실체를 밝혀내야 한다.

이 장구한 세월의 토대를 바탕으로 — 사실 이러한 준비 작업 없이는 아무런 효과도 일으키지 못할 테지만 — 직접적 요인들은 군중으로부터 능동적 확신을 이끌어낸다. 다시 말해 사상에 구체적 형태를 부여하여 그것의 모든 결과들이 맹위를 떨칠 수 있게끔 하는 것이다. 바로 이러한 직접적 요인들에 의해 느닷없이 집단을 동요시키는 결정들이 내려지고, 폭동이 발발하거나 파업이 감행되며, 막강한 다수가 한 남자를 권좌에 오르게 하거나 정부를 전복시키는 일이 가능해진다.

역사의 모든 주요 사건들 속에서 끊임없이 이 두 부류의 요인들이 작용하는 것을 확인할 수 있다. 가장 인상적인 예로서 프랑스혁명 하나만 간략히 살펴보면, 그것의 간접적 요인은 사상가들의 비판적 저술들, 귀족층의 비리 등 구체제의 부패, 과학적 개념의 발전 등이었다. 이런 바탕 위에서 마련되고 준비된 군중의 영혼은 웅변가들의 연설, 부차적인 개혁에 대한 왕실의 반대 등 직접적 요인에 의해 쉽게 동요되었다.

간접적 요인 중에는 군중의 모든 신념과 여론의 기저에서 찾아볼 수 있는 일반적인 것들이 있다. 이는 민족, 전통, 시간, 제도, 교육이다. 이 장에서는 이 요인들 각각의 역할 및 기능에 관해 분석하도록 하겠다.

1. 민족

민족은 가장 우선적으로 다루어야 할 요인으로

서 다른 어떤 것보다 중요하다. 이 점에 대해서는 다시 언급하지 않아도 좋을 만큼 최근 출간된 나의 저작에서 충분히 논했다. 역사적인 민족이란 무엇이며, 민족이 형성되자마자 어떻게 신념, 제도, 예술 등 그 문명을 구성하는 제반 요소들이 모두 민족혼의 발로로 화(化)하는지를 설명하였다. 철저하게 근본적인 변화를 거치지 않고서는 그 어떤 요소도 한 국민으로부터 다른 국민으로 옮겨갈 수 없게 하는 강력한 힘, 그것이 바로 민족의 힘이다(주 — 이 제안은 여전히 새로운 것이며, 이에 대한 배경 지식 없이는 결코 역사를 제대로 읽을 수 없기 때문에 나는 〈민족 발달의 심리적 법칙들 Lois psychologiques de l'évolution des peuples, 1894 〉 중 여러 장을 그것의 설명에 할애하였다. 이를 통해 독자는 언어도, 종교도, 예술도, 한 마디로 문명의 그 어떤 요소도 — 착각을 불러일으킬 만한 허상들이 많기는 하지만 — 한 민족에서 다른 민족으로 완벽하게 이동할 수는 없다는 것을 알게 될 것이다).

환경, 정황, 사건들은 그 순간의 사회적 암시들을 드러낸다. 그들은 막강한 영향력을 행사하고, 중요한 역할을 수행할 수 있지만 그것이 민족의 — 즉, 조상 전체의 — 암시에 반할 때, 그 힘은 언제나 일시적인 것에 머물고 만다.

이 책의 여러 장에서 나는 민족의 영향력에 관해 다시 언급하면서 그것이 군중 정신의 특징들을 지배할 만큼 강력한 것임을 보여줄 기회가 있을 것이다. 서로 다른 국가의 군중들이 신념이나 행동 양식 등에서 매우 다른 모습을 보이며, 결코 같은 방식으로는 영향 받을 수 없는 것 역시 같은 이유에서다.

2. 전통

전통은 과거의 사상, 욕구, 감정들을 표상하는
한 민족의 총합체로서, 상당한 무게로 우리를 짓누른다.

발생학에 의해 과거가 생명체의 발달에 미치는 막대한 영향력
이 밝혀진 이래로 생명과학은 변화하였다. 이 개념이 널리 퍼질
경우, 역사 과학 역시 그만큼 발전하게 될 것이다. 그러나 이 생각
은 아직 충분히 일반화되지 않았고, 많은 국가 지도자들 역시 18
세기 이론가들의 사상 ― 한 사회가 과거와 확실히 단절될 수 있
을 뿐 아니라 이성의 광휘(光輝)를 길잡이 삼아 완벽하게 재구성
될 수 있다는 믿음 ― 에서 벗어나지 못하고 있다.

한 민족은 과거에 의해 형성된 유기체이며, 모든 유기체가 그러
하듯 오랜 시간의 유전적 축적 없이는 변형될 수 없다.

인간을, 더구나 군중 속의 인간들을 이끄는 것은 전통이며, 여러
번 반복하여 언급했듯이 민중은 전통적 요소들의 명칭이나 외적
형태만을 쉽게 바꿀 뿐이다. 이를 언짢아할 필요는 없다. 전통 없
이는 국가정신도, 문명도 있을 수 없기 때문이다.

한편, 유사 이래 인류와 함께 존재해 온 중요한 일거리 두 가지
는 전통의 조직망을 만드는 것, 그리고 그것의 긍정적 쓰임새가
다 사라지고 나면 파괴를 꾀하는 것이다. 전통 없이 문명은 없고,
전통이 서서히 소멸되지 않는 한 진보는 불가능하다. 사실, 안정

성과 가변성 사이에서 평형을 찾기란 무척이나 어려운 일이다. 관습들이 견고하게 정착되도록 여러 세대 동안 내버려둔다면 한 나라의 국민들은 중국인들처럼 아무것도 변화시키지 못하게 될 것이며, 개선에 무능해질 것이다. 과격한 폭력 혁명도 이 점에선 별로 힘을 쓰지 못하는데, 왜냐하면 사슬의 부서진 조각들이 다시 접합되어 과거는 아무런 변화 없이 자신의 제국을 되찾거나, 혹은 흩어진 파편들이 무정부주의를 낳은 후 곧 이어 퇴폐주의를 불러일으키기 때문이다.

따라서 한 국가의 국민들에게 가장 기본적인 임무는 과거 제도들의 틀은 그대로 유지하면서 아주 조금씩 수정해가는 일이다. 물론 어려운 작업이다. 고대 로마인들과 현대 영국인들만이 거의 유일하게 이것을 실현하였다.

전통 사상에 끈질기게 집착하고, 누구보다 완강하게 그것의 변화에 반대하는 이들이 바로 군중이며, 여러 부류 중에서도 특히 카스트(Caste, 배타적 폐쇄 집단 — 역주)를 이루는 군중이다. 나는 이미 군중의 보수적 성격에 대해 강조하였고, 격심한 폭동조차도 용어를 바꾸는 것 이상은 달성하지 못함을 지적하였다. 18세기 후반, 무너진 교회와 추방되거나 참수당한 사제들, 범세계적으로 박해당하는 가톨릭 신앙을 목도하면서 사람들은 낡아빠진 종교 사상이 그 힘을 모두 잃었다고 믿을 수도 있었다. 그러나 겨우 몇 해 지나지 않아 광범위한 요구에 부응하여 폐기된 종교는 재건되어야만 했다 (주 — 텐에 의해 인용된 과거 국민공회 의원 푸르크루아(Antoine-

François Fourcroy, 1755-1809)의 보고서는 이런 관점에서 매우 명료하다. "일요일을 경축하고 교회에 다니는 것과 관련하여 우리가 어디에서나 목도하는 현상은 다수의 프랑스인들이 과거의 관습으로 되돌아가기를 원한다는 것을 증명하고 있다. 이러한 전 국민적 추세에 더 이상 반대해서는 안 된다. 인간의 대다수는 종교, 신앙, 사제를 필요로 한다. 널리 보급된 교육에 의해 종교적 편견을 깨뜨릴 수 있다는 믿음은 나 역시 한 때 그것에 경도되기는 하였으나, 근대 철학자들의 오류 중 하나이다. 신앙은 불행한 많은 사람들에게 위안의 샘물이 되어준다. 따라서 민중들에게 그들의 사제와 제단, 그리고 신앙을 남겨주어야 한다).

한 순간 사라졌던 낡은 전통은 자신의 왕국을 되찾았다. 그 어떤 예도 군중의 영혼 위에 군림하는 전통의 힘을 이보다 더 잘 보여주지는 못한다. 가장 두려운 우상은 사원 안에 있지 않으며, 가장 전제적인 폭군도 왕궁에 기거하지 않는다. 이들은 한 순간에 무너질 수 있다. 그러나 우리의 정신을 다스리는 보이지 않는 지배자는 그 어떤 폭동도 피해가며 수 세기에 걸쳐 매우 느리게 마모될 뿐이다.

3. 시간

생물학적 문제에서와 마찬가지로 사회적 문제에 있어서도 가장 활발하게 작동하는 요인들 중 하나는 시간이다. 오직 시간만이 진정한 창조자이며, 또 유일한 파괴자이다. 모래알로 산을 쌓아올린 것도, 그리고 지질시대의 미천한 세포를 존엄한 인간의 경지로 끌어올린 것도 바로 시간이었다. 수 세기에 걸쳐 바꾸지 못할 현상이란 없다. '충분한 시간만 주어진다면 개미 한 마리로도 몽블랑을 평탄케 할 수 있다'는 말에는 일리가 있다. 만약 시간을 제 마음대로 움직일 수 있는 마력을 지닌 인간이 있다면 아마도 그는 독실한 신자가 신에게 부여하는 것과 같은 위력을 지니리라.

그러나 여기에서는 시간이 여론 발생에 미치는 막대한 영향에 관해서만 논하기로 하자. 이 지점에 있어서도 시간의 역할은 엄청나다. 민족과 같은 거대한 세력들은 시간이 아니고서는 생성될 수 없었을 터. 따라서 언제나 그것의 지배하에 놓이게 된다. 시간은 모든 신념을 탄생시키고, 자라게 하며, 죽게 만든다. 신념이 영향력을 얻는 것도, 그것을 잃는 것도 모두 시간에 의해서이다.

특히 군중의 신념과 여론을 준비하는 — 다시 말해 그것들이 움틀 수 있도록 토양을 다지는 — 주체가 바로 시간이다. 한 시대에 실현 가능했던 어떤 사상들이 다른 시대에 더 이상 그렇지 못하게 되는 것도 이 때문이다. 시간은 신념 및 생각들의 거대한 잔재를 축적한다. 그 위에서 한 시대의 사상들이 탄생하는 것이다. 이들은 우연히 무턱대고 생겨나지 않으며, 각각 먼 과거 속에 깊이 뿌리박고 있다. 이들이 꽃을 피운다면, 이는 시간이 개화를 준비했다는 얘기다. 따라서 그 유래를 가늠하기 위해서는 언제나 시간을 거슬러 올라가봐야 한다. 한 시대의 사상은 과거의 딸이며, 미래의 어머니이고, 변함없는 시간의 노예이다.

그러므로 시간은 우리의 진정한 주인이다. 무엇이든 그 변화를 보기 위해서는 그저 시간이 흐르도록 내버려두면 된다. 오늘날 우리는 군중의 위협적 요구와 그것이 예고하는 파괴 및 격동을 심히 염려하고 있다. 그러나 오직 시간만이 평정을 되찾게 하리라. 라비스(Ernest Lavisse, 1842-1922)가 아주 정확히 기술하였듯이 그 어떤 체제도 하루아침에 세워지지 않았다. 정치·사회적 구조의 편성은 수 세기가 요구되는 일이다. 적합한 규범들을 찾기 전까지 봉건제도는 수백 년 동안 혼란스런 미완의 상태로 남아 있었다. 절대 군주제 역시 일정한 통치 방식을 찾기까지 그만큼의 시간이 걸렸으며, 그 기다림의 기간 동안 여러 차례의 커다란 혼돈을 겪었다.

4. 정치·사회 제도

제도가 사회적 폐해를 시정할 수 있다는 — 즉, 국가의 발전은 법제도와 정체(政體) 개선의 결과이며, 법령에 의해 사회 변화를 이룰 수 있다는 — 생각은 아직도 꽤 널리 퍼져 있다. 프랑스 혁명의 시발점이 된 이 사상이 여전히 현대 사회 이론들의 근거 구실을 한다.

수많은 지속적 경험들도 이 위험한 망상에 심각한 타격을 가하는데 성공하지는 못했다. 철학자들과 역사가들이 그것의 부조리함을 증명하려 부단히 애썼으나 소용없는 일이었다. 그러나 제도는 사상과 감정과 관습의 소산이며, 이 사상과 감정과 관습은 법

률을 개정함으로써 바꿀 수 있는 게 아니라는 사실은 그들이 어렵
잖게 보여주었다. 한 민족이 눈동자나 머리카락의 색깔을 선택할
수 없듯이 제도 또한 마음대로 골라잡을 수 없다. 제도와 정체는
민족의 산물이다. 한 시대의 창조자라기보다는 그 시대의 피조물
인 것이다. 민중은 그들의 일시적 변덕이 아닌 본연적 기질이 요
구하는 대로 통치된다. 하나의 정치체제를 만들기 위해서도, 그것
을 바꾸기 위해서도 수 세기가 걸린다. 제도 자체는 그 어떤 고유
한 미덕도 지니지 않으며, 그것 자체로는 좋지도 나쁘지도 않다.
어느 한 시대, 한 민족에게 좋은 제도도 다른 시대, 다른 민족에게
는 혐오할 만한 것이 될 수도 있다.

  따라서 실질적으로 제도를 바꾸는 것은 결코 민중의 깜냥으로
해낼 수 있는 일이 아니다. 폭력 혁명의 대가로 제도의 이름을 바
꿀 수는 있을지언정 그것의 본질을 변화시킬 수는 없다. 명칭은
껍데기일 뿐 깊이 있는 안목으로 사물의 핵심을 꿰뚫고자 하는 역
사가에게는 별 가치가 없는 것이다. 왕정 체제 하의 영국은 세계
에서 가장 민주적인 나라인 반면(주 — 이는 미국의 가장 진보적인
공화주의자들조차 인정하는 바이다. 최근 미국의 일간지 〈포럼
Forum〉은 이에 대한 명확한 견해를 피력했다. 〈Review of Reviews
(1890년 창간된 영국 월간지 — 역주)〉 1894년 12월호에 실린 글을 여
기에 재인용한다 : "귀족정치의 가장 열렬한 반대자라 할지라도 영국이
야말로 오늘날 전 세계에서 가장 민주적인 국가라는 사실을 잊어서는
안 된다. 개인의 권리가 가장 존중되고, 개인이 가장 많은 자유를 누리

는 나라가 바로 영국이다."), 공화제 헌법 하의 남미에서는 가장 살 벌한 독재가 맹위를 떨치고 있지 않은가. 말하자면 이런 식이다. 정부가 아닌 민중의 본래적 성격이 그들의 운명을 이끈다. 나는 앞서 언급한 저서에서 뚜렷한 예들을 근거로 제시하며, 이 진실을 규명하려 하였다.

그러므로 법조문을 꾸미느라 시간을 허비하는 일은 무지한 수사학자의 유치한 과업이며, 쓸 데 없는 노고이다. 우리가 현명하게 뒤로 물러나 필요와 시간이라는 두 가지 요인이 자연스레 활동하도록 내버려두면 이들은 공들여 법을 만들어낼 것이다. 앵글로색슨족 사람들이 바로 그렇게 행동했다. 이는 위대한 역사학자 매콜리(Thomas Babington Macaulay, 1800~1859)가 지적한 바이기도 한데 라틴 국가의 모든 정치가들은 그의 말을 가슴 깊이 새겨야 할 것이다. 우선 그는, 순수한 이성의 관점에서는 그저 부조리와 모순의 혼돈처럼 보이는 법률들이 가져온 긍정적 결과들을 제시한다. 그리고 유럽과 남미의 라틴족 민중들이 일으킨 격동 속에서 사라져간 열 두어 개의 헌법들과 영국 헌법을 비교하면서, 영국의 헌법은 아주 천천히, 부분적으로 결코 사변적 고찰이 아닌 즉각적 필요에 입각하여 변화하였음을 보여준다.

"절대로 균형을 염려하지 말고 실효성을 고려할 것, 단지 변칙이라는 이유만으로 변칙을 제거하지 말 것, 어떤 불편이 느껴질 경우에만 또 그 불편에서 벗어날 수 있을 만큼만 개선할 것, 시정하고자 하는 특정 사안의 범주보다 더 광범위한 법안을 만들지 말

것. 이것이 존 시대부터 빅토리아 시대에 이르기까지 250개 영국 의회의 표결을 인도한 일반적 규칙들이다."

각 국가의 법률과 제도들이 민족적 요구를 얼마나 잘 반영하며, 그러한 까닭에 급작스런 변형은 더욱 불가능하다는 사실을 설명하기 위해서는 그것들을 하나하나 살펴보아야 할 것이다. 예를 들어 중앙집권화의 이점과 불편한 점에 대해 철학적으로 장황한 설명을 늘어놓을 수는 있다. 그러나 여러 민족으로 구성된 한 국가가 서서히 중앙집권화하기까지 천 년의 노력을 기울이는 것을 볼 때, 구제도의 타파를 목표로 했던 대규모 혁명이 중앙집권화를 존중할 뿐 아니라 부득이 그것을 더욱 강화하는 것을 확인할 때, 우리는 이 체제가 절대적 필요의 발로이며 나아가 일종의 실존적 조건이기도 하다고 말할 수 있다. 그것의 파괴를 부르짖는 정치인들의 미약한 통찰력은 가히 불쌍히 여길 만하다. 만약 혹시라도 그들의 의견이 승리를 거둔다면, 그 성공은 결국 이전보다 훨씬 더 강력한 중앙집권화를 초래하고야 말 끔찍한 무정부 상태의 도래를 알리는 징후일 것이다(주 — 프랑스의 분열을 조장하는 — 그리고 무엇보다 민족성의 문제인 — 종교 및 정치에 있어서의 깊은 내분, 프랑스 혁명기에 드러난 — 또한 프랑스-프러시아 전쟁 말기에 새로이 고개 들기 시작하던 — 분리주의적 경향을 연관지어보면 우리 영토 위에서 살아가고 있는 다양한 민족들이 혼합되려면 아직도 멀었다는 것을 알 수 있다. 단호한 중앙집권화, 그리고 기존 지역들을 혼합 재편성하기 위해 만들었던 인위적 자치구들은 아마도 프랑스 혁명의 가장 유용한 업적일 것이다. 선견지명 없는 자들이 오늘날 그토록 외쳐대는 분권화가 이루어진다면 아마도 순식간에 가장 참혹한 반목으로 귀착될 것이다. 이를 등한시하는 것, 이는 우리 역사를 송두리째 잊는 것이다).

　지금까지의 논의를 다음과 같이 결론짓자. 군중의 영혼에 깊은 영향을 미칠 방법을 제도 속에서 찾아서는 안 된다. 미국과 같은 일부 국가들이 민주적 제도를 바탕으로 높은 수준의 번영을 이룩한 반면, 남미의 공화국들과 같은 또 다른 어떤 나라들은 완전히 흡사한 제도를 운용하고 있음에도 불구하고 비참한 혼돈 속에서 살아가고 있다. 결국 이 제도들은 한 쪽의 영광과도, 다른 한 쪽의 쇠락과도 무관한 것이라고 볼 수 있다. 민중은 그들의 본질적 특성에 의해 지배된다. 그것에 딱 들어맞게 재단되지 않은 모든 제도들은 그저 빌려 입은 옷이요, 일시적인 변장일 뿐이다. 물론 피비린내 나는 전쟁과 폭력적인 혁명들은 행복을 만드는 초자연적 힘이 부여된 제도들을 강제하기 위해 일어난 것이었으며, 이는 앞으로도 마찬가지일 것이다. 이러한 동요를 가능케 한다는 의미에서는 결국 제도가 군중 정신 위에 군림한다고 말할 수도 있겠다. 그러나 우리가 알다시피 승리한 것이든, 패배한 것이든 제도 그 자체는 아무런 미덕도 갖추고 있지 않다. 그것의 성과를 추적하면서 우리는 그저 환상의 자취를 따라갈 뿐이다.

5. 교육

　　'교육은 인간을 완벽하게 개조하고 수준을 향상

시키며, 만인의 평등을 가능케 할 것이다.' 이는 당대 지배 사상들의 선두에 있는 생각이다. 끊임없는 반복을 통해, 급기야 이 주장은 민주주의의 가장 견고한 신조 중 하나로 자리 잡았다. 이제 그것에 타격을 입히는 일은 그 옛날 교회의 교리를 건드리는 것만큼이나 어려운 일이 되었다.

그러나 다른 부분과 마찬가지로, 이 점에 있어서 민주주의 사상은 심리학과 경험이 제시하는 자료들과 심각하게 대립하고 있다. 특히 허버트 스펜서와 같은 몇몇 훌륭한 사상가들은 교육이 인간을 더 도덕적이거나 행복하게 만들지 않고, 본능과 유전적 열정을 바꾸지도 않으며, 어쩌다 조금이라도 잘못 인도되었을 때는 유용하기보다는 오히려 훨씬 해롭다는 사실을 증명하는데 어려움을 겪지 않았다.

통계학자들은 다음과 같은 사실들을 제시하며 위의 관점을 입증했다. 범죄 행위는 교육 — 적어도 특정한 교육 — 이 일반화되면서 증가하였다. 사회에 반하는 가장 지독한 적들, 즉 무정부주의자들은 흔히 학교의 우등생들 중에서 추려졌다. 뛰어난 법관 아돌프 기요(Adolphe Guillot, 1836-1906)는 문맹 형사범 1천 명에 대하여 학식을 갖춘 형사범은 3천 명이나 되고, 50년 동안 범죄 행위는 인구 40만 명 당 227건에서 552건으로 늘어나 133퍼센트의 증가율을 보였다고 밝혔다. 또한 그는 자신의 다른 동료들과 마찬가지로 도제 방식 대신 무상 의무 교육 하에서 성장한 젊은 세대에서 특히 범죄행위가 증가하는 양상이 나타남을 주목하였다.

제대로 된 교육이 실질적으로 매우 유용한 — 도덕성을 앙양시킬 수 없다면 적어도 직업적 능력을 계발시키는 — 결과를 낳을 수 없다고는 이제껏 그 누구도 증명하지 않았다. 그러나 안타깝게도 라틴계 국가들은, 특히 지난 25년 동안 매우 잘못된 원칙에 근거를 두고 그들의 교육 구조를 세웠으며, 브레알(Michel Bréal, 1832-1915), 퓌스텔 드 쿨랑주, 텐 등 뛰어난 선각자들의 비판에도 불구하고 자신들의 형편없는 오류를 고수하고 있다. 나 역시 여러 저서에서(주 — 〈사회주의 심리학 (3판) Psychologie du socialisme, 3° édit.〉과 〈교육 심리학 (5판) Psychologie de l'éducation (5° édition)〉 참조) 현재 우리의 교육은 그것의 수혜자인 대다수의 사람들을 사회의 적으로 만들고, 가장 해로운 형태의 사회주의를 구축할 수많은 문하생을 모집하고 있음을 지적했다.

이러한 라틴식 교육이 — 이렇게 불리는 것은 매우 타당한데 — 우려스러운 가장 큰 이유는 교과서를 암기하면서 지성을 계발할 수 있다는 식의 근본적인 심리학적 오류에 기초를 두고 있다는 점이다. 초등학교부터 박사 과정 혹은 교수 자격시험을 치를 때까지 가능한 한 더 많이 암기하는 데에 심혈을 기울여온 젊은이가 하는 일이란 자신의 판단이나 자주성을 훈련해보지도 못한 채 오로지 책을 외우는 것뿐이다. 그에게 교육이란 암송하고 복종하는 데 있다. 과거 교육부장관을 지낸 쥘 시몽(Jules Simon, 1814-1896)은 "강의를 듣고, 문법이나 개설서를 암기하고, 잘 반복하고, 잘 따라 하는 것은 매우 우스꽝스런 교육으로서, 그 안에서 이루어지는 모든 노력은 결코 과오를 범하지 않을 법한 교사 앞에서의 신앙적 행위에 지나지 않으며, 이는 우리를 쇠약하고 무능하게 만들 뿐이다."라고 썼다.

만약 이러한 교육이 그저 무익할 뿐이라면, 우리는 정작 초등학교에서 배워야 할 것들 대신에 클로테르 후손의 계보나 네우스트리아와 아우스트라시아 간의 전투, 혹은 동물학상의 분류 등을 배우는 가엾은 아이들을 향해 일말의 동정심을 품음으로써 만족할 수 있을지도 모른다. 그러나 현 교육에는 이보다 훨씬 더 심각한 위험이 도사리고 있다. 교육은 교육받은 자로 하여금 자신의 출생 환경에 대한 끔찍한 혐오와 더불어 그것으로부터 이탈하고자 하는 강한 욕구를 느끼게 만든다. 노동자는 더 이상 노동자로 머물길 원치 않고, 농부는 더 이상 농부이길 바라지 않으며, 부르주아는 자신의 아들들이 국가의 녹을 받는 공무원이 되는 것 외에 다른 길을 가는 것을 생각지 않는다. 교육은 한 인간에게 삶을 위한 채비를 갖추어주는 대신 스스로 방향을 잡거나 자주성을 발휘하지 않아도 성공할 수 있는 공무 수행에 필요한 만큼만 준비시킨다. 사회 계층의 하단에는 자신들의 운명에 불만을 품고 언제든 폭동을 일으킬 자세가 되어있는 프롤레타리아 군대를, 상단에는 회의적인 동시에 뭐든 쉽게 믿는, 복지 국가에 대한 미신적 신뢰를 품고 있으면서도 끊임없이 그것을 조롱하는, 언제나 자신들의 잘못을 정부 탓으로 돌리면서도 권력의 개입 없이는 아무 일도 하지 못하는 우리의 경박한 부르주아지를 키우고 있는 것이다.

교과서의 도움으로 이 모든 학위 취득자들을 배출해내는 국가는 그 중 아주 적은 수의 사람들만을 고용하고, 나머지는 어쩔 수 없이 무직자로 내버려둔다. 그러므로 소수의 일부를 먹여 살리면서 그 외의 다수는 적으로 남겨두는 것을 감수해야만 한다. 사회적 피라미드의 맨 밑에서 꼭대기에 이르기까지 다양한 출신 성분의 수많은 학위 취득자들이 직업을 얻기 위해 몰려들고 있다. 그런데 식민지로 보낼 대리인을 찾지 못해 쩔쩔매는 도매업자가 있는 반면, 일개 말단 공무원직에는 수천 명의 지원자가 쇄도하는 것이다. 농장이나 작업장을 멸시하고, 그저 국가의 처분만을 기다리면서 미취업 상태에 머물러 있는 예비 초등 교사들이 센 강 지역에만 2만 명에 달한다. 선택되는 사람의 수는 제한되어 있으므로 불만을 품는 사람은 많을 수밖에 없다. 이런 이들은 목적이 무엇이며, 주동자가 누구인지 가리지 않고 모든 혁명에 임할 준비가 되어있다. 쓸 데가 마땅찮은 지식의 습득은 인간을 폭도로 변하게 하는 확실한 방법이다(주 — 더욱이 이것은 비단 라틴 족들에게만 국한된 현상이 아니다. 고급관리들의 확고한 서열에 의해 움직여지는 나라인 중국에서도 발견된다. 우리와 마찬가지로 두꺼운 개론서들을 달달 외우는 시험을 통과해야만 관리직을 얻을 수 있는데, 직업이 없는 식자(識者)들의 집단은 오늘날 중국에서 진정한 국가적 불운으로 여겨지고 있다. 인도에서도 마찬가지다. 영국인들이 자국식의 교육을 위해서가 아니라 단지 인도인들을 개화시키기 위해 학교를 연 이래로 바부(Baboo)라 불리는 특수한 식자층이 형성되었고, 이들 역시 직업을 얻지 못할 경우, 영국 지배세력의 철천지원수가 되어버린다. 직업의 유무를 떠나 모든 바부들에게 나타난 첫 번째 계몽 효과는 도덕성의 현저한 타락이었다. 이는 내가 〈인도의 문명 Les Civilisations de l'Inde, 1887〉에서 역점을 두어 길게 설명한 부분이며, 그 거대한 반도를 방문한 저술가들 모두가 확인한 지점이다).

이러한 시류를 거슬러 오르기에는 너무 늦었음이 분명하다. 민중의 마지막 스승인 경험만이 우리의 잘못을 지적할 것이다. 지긋지긋한 교과서와 민망한 경쟁시험들을 직업교육으로 바꾸어야 하며, 그리하여 교육이 오늘날 기피 대상이 되어버린 농장과 작업장, 식민지 회사 등으로 젊은이들을 인도할 수 있어야 한다는 사실을 오직 경험만이 증명할 수 있으리라.

현재 모든 선각자들이 그 필요성을 주장하는 직업 교육은 지난날 우리 조상들이 받았던, 그리고 오늘날 세계를 지배하는 국가들이 그들의 의지, 자주성, 모험심으로 지켜낸 바로 그 교육이다. 위대한 사상가인 텐은 ─ 내가 나중에 요점이 되는 부분을 인용할 테지만 ─ 과거 우리의 교육 방식이 현재 영국과 미국에서 이루어지는 것과 거의 유사함을 보여주었고, 라틴 방식과 앵글로색슨 방식을 비교하면서 두 가지 방법론의 결과를 명확하게 지적하였다.

우리의 고전적 교육 방식이 아무리 낙오자와 불평분자들만을 길러낸다 할지라도, 만약 그 엄청난 지식의 피상적 습득이나 교과서의 완벽한 암기가 지적 수준을 높여 놓기라도 한다면 울며 겨자 먹기로 그것의 모든 단점들을 참아낼 수 있을지도 모른다. 그러나 실제로 교육이 지성 함양을 가능케 하는가? 안타깝게도 그렇지 않다. 판단력, 경험, 자주 의지, 성격 등 인생의 성공을 위한 조건들은 결코 책을 통해 배우는 것이 아니다. 책이란 참조할 만한 유용한 사전일 뿐 그 긴 구절들을 완벽하게 머릿속에 집어넣을 필요는 없는 것이다.

어떻게 직업 교육이 고전적 교육과는 전혀 다른 방식으로 지성을 향상시킬 수 있는지, 텐은 매우 명확하게 보여주고 있다.

『생각은 자연스럽고 정상적인 조건 하에서만 형성된다. 생각의 씨앗을 싹트게 하는 것은 젊은이가 매일같이 작업장에서, 광산에서, 법정에서, 사무실에서, 공사장에서, 병원에서 연장과 재료들 그리고 작업 광경 속에서 손님들, 노동자들과 함께 잘하든 못하든, 돈이 들든 돈벌이가 되든, 일거리가 있는 데서 얻게 되는 수많은 감각적 인상들이다. 그가 눈과 귀, 손과 후각으로 감지하는 사소하고 독특한 느낌들은 의도하지 않은 사이에 그의 내면에 저장된 후 소리 없이 발달하고 조직되어, 빠르든 늦든 언젠가는 그에게 새로운 조합, 단순화, 절약, 완성 혹은 발명 등을 넌지시 권할 것이다. 이 모든 소중한 접촉들과 소화 흡수될 수 있는 필수불가결한 양분들을 빼앗긴 젊은 프랑스인은 발전 가능성이 풍부한 시기에 칠팔 년 동안 학교에 감금된 채, 사물과 인간과 그 모든 것을 다룰 수 있는 다양한 방법들에 관한 정확하고 생생한 개념을 새겨 주었을 직접적이고 개인적인 경험들로부터 멀리 떨어져 지내게 된다.

… 그들 중 최소한 9할은 시간과 노력을 허비했으며, 효율적이고 중요한 인생의 한 부분, 결정적이기까지 한 몇 해를 잃었다. 맨먼저, 응시자의 절반에서 삼분의 이 가량에 이르는 탈락자들을 꼽을 수 있다. 또 합격자, 면허증 및 학위 취득자들 중에서도 절반이나 삼분의 이 가량은 그저 혹사당했을 뿐이다. 그들에게 지나치게 많은 것이 요구되었다. 정해진 날짜에 어느 의자 위, 혹은 어느 칠판 앞에 앉아 그들은 두 시간 동안 채점자들을 상대로 인류 지식의 살아있는 목록이 되기를 강요당했다. 사실 그 날, 그 두 시간 동안 그들은 지식의 총람 내지는 그와 유사한 어떤 것 노릇을 했지만 한 달만 지나도 다시 시험을 치를 수 없는 상태가 되어버린다. 그들이 배운 것은 너무나 많고 무거워서 쉴 새 없이 두뇌 밖으로 미끄러져 나간다. 이제 그들은 새로운 지식을 습득하지 못한다. 그들의 정신력은 생기를 잃어 쇠약해지고 풍부한 수액은 고갈된다. 그리하여 대개 볼장 다 본 인간이 만들어진다. 결혼하여 안정된 상태에서 끊임없이 같은 쳇바퀴를 돌리며 사는 것을 감수하는 이 인간은 좁은 사무실 안에 틀어박혀 단지 적당히 임무를 수행할 뿐 그 이상은 아무것도 하지 않는다. 이것이 평균 수익이다. 물론 소득과 지출은 균형을 이루지 않는다. 영국과 미국에서는 1789년 이전의 프랑스처럼 이와 반대되는 방식을 취하는데, 수익은 같거나 더 높다.』

이 훌륭한 역사가는 이어서 우리와 앵글로색슨족의 제도적 차이를 보여준다. 그들은 우리만큼 많은 특수학교를 갖고 있지 않으며, 교육은 책이 아닌 사물 그 자체에 의해 이루어진다. 예를 들어, 기술자는 학교가 아닌 작업장에서 기술을 연마한다. 각자 자신의 두뇌가 뒷받침해주는 수준까지 도달할 수 있다. 능력이 허락하면 엔지니어, 그게 어려우면 직공이나 작업반장이 된다. 바로 이것이 열여덟에서 스무 살 사이 몇 시간 동안에 치른 시험 하나로 한 인간의 일생을 좌지우지하는 것보다 훨씬 더 민주적인 절차이며, 사회를 위해서도 훨씬 더 유용한 방식이다.

『아주 어린 나이에 병원, 광산, 수공업장, 건축 설계소, 법률 사무소 등에 들어간 학생은 우리로 치면 공증인 사무소의 서기나 화실의 도제가 그러하듯이 연수와 실습을 거친다. 물론 그 전에, 머 잖아 현장에서 접하게 될 상황을 이해하는데 필요한 정도의 기초 지식을 얻기 위해 간략하고 일반적인 수업을 들을 수는 있다. 그러나 대개는 연수가 시작된 후 개인의 여가 시간에 맞춰 수강 가능한 기술 수업이 제공되어 일상의 작업장에서 얻는 경험들을 그 즉시 이론적으로 맞춰볼 수 있게 한다. 이러한 체제 하에서 그가 장래에 맡을 임무와 미리 적응코자 하는 특정 작업에서 요구되는 방향으로 그의 실무 능력은 향상되고, 본인의 역량이 허용하는 수준까지 꾸준히 발달한다. 이런 방식으로 영국과 미국의 젊은이는 자신이 가진 것을 빠르게 활용할 수 있게 된다. 스물다섯, 혹은 재료와 자본에 부족함이 없다면 그보다 훨씬 전에 그는 이미 유용한 실무자일 뿐 아니라 자발적 기업가, 일개 톱니바퀴가 아닌 동력장치로 기능한다. 프랑스에서는 이에 역행하는 방식이 우세했으며,

더욱이 세대가 지날수록 점점 더 중국식으로 변해가고 있다. 그렇게 잃어버린 힘의 총량은 엄청나다.』

위대한 철학자 텐은 우리의 실생활과 라틴식 교육 간의 부조화에 관하여 다음과 같은 결론을 내린다.

『유년기, 청소년기, 청년기라는 세 단계 교육 과정에서 교실 의자에 앉아 책을 들여다보는 이론적 준비 기간이 과도하게 늘어났다. 이는 단지 시험을 치러 수료증, 학위, 자격증을 얻기 위한 것일 뿐이다. 가장 해로운 방법들, 부자연스럽고 비사회적인 규정들이 적용된다. 실용학습은 지나치게 늦어지고 기숙제도, 인위적 훈련, 주입식 교육, 혹사시키기 등으로 교과 과정이 채워진다. 젊은이에게 다가올 시간들, 어른이 된 남자가 수행해야 할 임무 따위는 고려되지 않는다. 머지않아 맞닥뜨릴 현실 세계, 적응하거나 미리 포기해야 할 주변 사회, 인생살이의 수많은 갈등 속에서 자신을 방어하고 꿋꿋하게 대응하기 위해서는 미리부터 준비되고 무장되고 훈련되고 단련되어야 함에도 불구하고 이 필수불가결한 장비들은 간과된다. 좋은 감각과 의지, 견고한 정신력 등 그 무엇보다 중요한 것들은 학교에서 얻을 수 없다. 학교는 그에게 미래의 결정적 지위를 얻을 자격을 주기는커녕 그의 가치를 오히려 떨어뜨린다. 그리하여 대개는 그저 가슴 아픈 실패에 따른 결과로 세상에 첫발을 내딛게 된다. 이렇게 사회생활을 시작하는 그는 상심하여 오랫동안 기분이 언짢은 상태로 남아있거나, 때로는 영원히 불구자로 머물게 된다. 이는 무섭고 위험한 시련이다. 도덕적·정신적 균형이 깨져버려 다시는 회복되지 못할 우려도 있다. 그가 느끼는 환멸은 갑작스럽고도 처절하며, 실망은 너무 크고 좌절은 너무 깊다.』

이번 장에서 우리가 군중 심리라는 주제에서 벗어났다고 생각한다면 오산이다. 오늘날 도처에 싹트고 있는, 머지않아 개화할 사상과 믿음들을 제대로 이해하기 위해서는 그 터가 어떻게 마련되었는지를 알아야만 한다. 한 나라의 젊은이들이 어떤 교육을 받고 자라나는지를 보면 그 나라가 어떻게 될지를 미루어 짐작할 수 있다. 현재 우리의 젊은 세대들이 받는 교육은 가장 암울한 예견을 가능케 한다. 어느 정도는 군중의 영혼을 함양하기도 하고, 훼손하기도 하는 것이 바로 교육이다. 그러므로 현 제도가 어떤 식으로 군중 정신을 형성시켰으며, 어떻게 무관심하고 중립적이던 대중이 점차 거대한 불평분자 집단으로 변하여 이상주의자들과 연설가들의 암시에 복종할 태세를 갖추게 되었는지를 살펴볼 필요가 있었던 것이다. 불만을 품은 자들과 무정부주의자들을 키워내는 곳, 머지않아 라틴 민족들에게 닥칠 퇴락의 시대를 마련하고 있는 곳이 바로 오늘날의 학교이다.

2장
여론 형성의
직접적 **요인들**

앞 장에서 우리는 군중의 영혼에 특별한 수용성(受容性)을 부여하고, 군중에게서 어떤 감정이나 사상이 생겨나는 것을 가능케 하는 간접적이고 예비적인 요인들을 알아보았다. 이제 즉각적으로 영향력을 행사하는 요인들에 관해 논할 차례이다. 이후 다른 장에서 이러한 요인들이 그 효력을 제대로 발휘하기 위해서는 어떻게 조종되어야 하는지 살펴보도록 하겠다.

이미 이 책의 첫 부분에서 집합체의 감정, 사상, 사유에 관해 논한 바 있으므로 이를 바탕으로 그들의 영혼에 감흥을 일으키는 방법에 관해 일반적인 결론을 도출할 수 있을 듯하다. 우리는 군중의 상상력을 자극하는 것, 암시의 위력 및 전염성, 특히 이미지의 형태로 제안되는 것들이 지니는 힘에 대해 알고 있다. 그러나 암시의 근원이 매우 다양한 만큼 군중 정신에 영향을 미치는 요인들 역시 꽤 여러 가지일 것이다. 그러므로 그것들을 각각 따로따로 살펴볼 필요가 있다. 군중은 고대 신화 속의 스핑크스와도 같아서 그들의 심리가 던지는 문제들을 풀어낼 수 없다면 그들에게 잡아 먹히기를 감수해야 한다.

1. 이미지, 단어, 문구

군중의 상상력을 논하면서 그들이 무엇보다 이미지에 쉽게 경도됨을 확인하였다. 그림이나 사진 등을 수중에 지니고 있지 않더라도 어휘와 문구의 적절한 사용을 통해 필요한 이미지를 불러일으키는 것이 가능하다. 능숙하게 다루어진 말과 구절은 과거 마술의 신봉자들이 주문에 부여하던 신비한 힘을 지니게 되어 군중의 영혼에 가장 무시무시한 폭풍우를 불러일으킬 뿐 아니라 그것을 누그러뜨릴 수도 있다. 단어와 문장의 힘에 희생된 인간들의 유골만으로도 저 오래된 케옵스의 그것(Pyramide de Khéops)보다 훨씬 더 높은 피라미드를 쌓아올릴 수 있을 것이다.

어휘의 힘은 그것이 환기시키는 이미지와 관련 있으며, 그것이 지니는 실제 의미와는 전혀 무관하다. 가끔은 가장 부정확하게 정의된 단어들이 가장 큰 효력을 나타내기도 한다. 이를테면 민주주의, 사회주의, 평등, 자유 등 그것의 의미가 너무나 모호하여 명료하게 규정하기 위해서는 몇 권의 두꺼운 책으로도 부족할 만한 단어들 말이다. 그럼에도 불구하고 그 짧은 음절마다 진정 마법적인 힘이 깃들여 있어서 마치 모든 문제의 해결책이 그 안에 있는 듯하다. 이 단어들은 무의식적이며 다양한 열망과 그것의 실현에 대한 희망을 총괄한다.

이성과 논리적 주장도 특정 어휘나 문구들을 이기지는 못할 것이다. 엄숙하게 발음되는 이런 말들에 군중은 즉시 경의를 표하며 고개를 숙인다. 많은 사람들이 이를 마치 대자연의 힘이나 초자연적 위력과 같은 것으로 간주한다. 이 말들은 사람들의 가슴 속에 웅대하면서도 막연한 이미지를 그려 넣는데, 의미를 흐릿하게 만드는 이 막연함이 오히려 그 말의 신비한 힘을 강화시킨다. 이는 성막(聖幕) 뒤에 모습을 감춘 가공(可恐)할 신들에 비교될 수 있다. 그것에 가까이 가는 신봉자는 경외감에 떨 수밖에 없었다.

말에 의해 환기된 이미지는 본래적 어의(語義)와는 별개이기 때문에 동일한 문장일지라도 시대와 민족에 따라 다른 이미지를 불러일으킨다. 어떤 이미지들은 잠정적으로 특정 단어들과 결합되기도 하는데, 이 때 단어는 이미지를 불러오는 호출 벨에 지나지 않는다.

모든 낱말과 문구가 이미지를 연상케 하는 힘을 지닌 것은 아니며, 이미지를 환기시킨 후 약화되어 더 이상 아무런 감흥을 불러일으키지 못하는 것들도 있다. 이 때 말은 그것을 사용하는 이에게 생각할 의무를 면제해주는데 쓰이는 덧없는 소리일 뿐이다. 어린 시절에 배운 격언들과 일반적이고 진부한 논거들의 작은 저장고만 갖고 있다면 우리는 피곤하게 심사숙고하지 않으면서 인생을 살아가는데 필요한 모든 것을 갖춘 셈이다.

한 언어를 정해서 면밀히 검토해보면 그것을 이루는 단어들은 시대의 흐름 속에서 꽤 천천히 변화함을 알 수 있다. 그러나 사실 부단히 변하는 것은 단어가 불러일으키는 이미지, 혹은 사람들이 그 단어와 결부시키는 의미들이다. 바로 이 때문에 나는 다른 저서에서 한 언어의 완벽한 번역은, 특히 현존하지 않는 민족의 언어일 경우에는 더욱 더 불가능하다는 결론에 도달하였다. 라틴어, 그리스어, 산스크리트어의 어떤 단어를 프랑스어의 다른 단어로 대체할 때, 혹은 2, 3세기 전에 우리말로 쓰인 책을 강독하려 할 때 실제로 우리는 뭘 하는가? 단지 현대적 생활 방식이 우리 머릿속에 넣어둔 이미지와 생각들로, 과거의 생활 방식에 따라 우리와는 다른 존재적 기반 위에서 살아가던 사람들의 영혼 속에서 생성된 전혀 다른 이미지와 개념들을 대체할 뿐이다. 프랑스 혁명을 이끌던 사람들은 자신들이 그리스인이나 로마인들처럼 행동한다고 믿었지만, 실은 그저 과거의 어휘들에 그 단어들이 결코 지닌 적 없는 새로운 의미를 부여했을 뿐이다. 그리스의 제도들과 오늘날 그에 상응하는 단어들이 지칭하는 제도들 간에 어떤 유사성이 존재할 수 있겠는가? 그 당시 '공화정'이란 가장 절대적인 예속 상태에 결박된 노예들을 지배하는 소소한 전제 군주들의 모임으로 이루어진, 본질적으로 귀족주의적인 제도가 아니고 무엇이었는가? 이 지방 귀족제도는 노예제에 기반하고 있었으며, 그것 없이는 한 순간도 존재할 수 없었을 것이다.

그리고 '자유' 라는 단어는 생각할 자유의 가능성은 상상조차 할 수 없던 시절에, 신과 법과 도시의 관습에 의문을 제기하는 일보다 더 크고 더 드문 중죄가 없던 그 시절에 오늘날 우리가 이해하는 바와 유사한 어떤 것을 의미했을까? 아테네인이나 스파르타인의 가슴 속에서 '조국' 이란 말은 아테네나 스파르타에 대한 숭배를 뜻했을 뿐 경쟁관계의 도시국가들로 이루어져 언제나 전쟁상태인 그리스를 향한 숭배는 결코 아니었던 것이다. 민족도, 언어도, 종교도 다른 여러 부족으로 나뉘어져 서로를 적대시하던, 그러나 항상 그들 중에서 동맹도시를 얻었던 시저에 의해 쉽게 정복된 고대 갈리아 사람들에게 이 단어는 어떤 의미를 지녔던 것일까? 오직 로마만이 정치적 · 종교적 단일체를 만듦으로써 갈리아에 조국을 선사하였다. 그렇게 오래 전까지 거슬러 올라갈 필요 없이 2세기 정도만 되돌아가 보자. 조국이란 말이 자신의 국왕에 대항하여 외국과 동맹을 맺은 콩데 대공(Le Grand Condé, 1621-1686)과 같은 프랑스의 왕자들에게 오늘날과 같은 의미로 받아들여졌을까? 프랑스에 대항하여 싸우는 것이 명예규범에 복종하는 일이라 믿었던 왕당파 망명자들에게 '조국' 이란 단어는 현대의 '조국' 과는 매우 다른 의미를 지니고 있었다. 왜냐하면 봉건 법규는 봉신을 영주에게 예속시킬 뿐 영토 자체와 연결 짓지는 않았기 때문에 그들에겐 군주가 머무는 그 곳이 바로 진정한 조국이었던 것이다.

시대에 따라 그 의미가 크게 달라지는 낱말은 무수히 많으며, 과

거의 의미대로 그것을 이해하기 위해서는 오랜 노력이 필요하다. '왕'이나 '왕족'과 같은 단어가 우리의 선조들에게 어떤 의미를 지녔는지 감이라도 잡기 위해서는 정말 많은 양의 독서가 필요하다는 지적은 옳다. 하물며 더 복잡한 단어들의 경우에는 어떠하겠는가?

이렇듯이 말은 오직 유동적이고 일시적이며 가변적인 의미를 지닐 뿐이다. 시대와 민족에 따라 달라지는 말로써 군중을 움직이려 한다면, 과거에 그 말이 지녔던 의미에 집착하거나 그들과 다른 정신 구조를 가진 개인들에게 어떻게 받아들여지는지를 따질 것이 아니라 바로 그 순간 눈앞에 있는 청중에게 어떤 뜻으로 이해될지를 먼저 파악해야 한다.

따라서 정치적 격동과 신념의 변화를 겪은 군중이 어떤 특정 단어에 의해 연상되는 이미지에 깊은 혐오감을 느낀다면, 진정한 통치자가 해야 할 첫 번째 임무는 바로 그 단어를 다른 것으로 대체하는 일이다. 물론, 이때 그 단어가 지시하는 사물 자체는 건드리지 말아야 한다. 세습적 구조와의 관계가 너무도 끈끈하여 쉽게 변형될 수 없기 때문이다. 이미 오래 전에 토크빌(Alexis de Tocqueville, 1805-1859)은 프랑스의 집정정부나 제국의 일이란 것이 대부분의 기존 제도들을 새로운 낱말로 포장하는 일이었음을 매우 정확히 지적하였다. 다시 말해, 군중의 상상 속에서 거북한 이미지를 환기시키는 단어들을 새로운 단어로 바꿈으로써 부작용을 방지했던 것이다. 인두세는 토지세로, 염세는 소금세로, 상납금은 간접세와 합

동세로, 장인세와 동업조합세는 영업세로 불렀다.

이렇듯이 정치가의 주요 업무 중 하나가 바로 군중이 더 이상 참아내지 못하는 것들의 명칭을 대중적인 — 적어도 중립적인 — 단어들을 이용하여 다시 명명하는 일이다. 말의 힘이란 이토록 엄청난 것이어서 아무리 혐오스런 대상이라도 이름을 잘 골라 붙이기만 하면 군중들로 하여금 거부감 없이 받아들이게 할 수 있다. 텐은 자코뱅파가 당시 민중들 사이에 널리 퍼졌던 '자유'나 '박애'와 같은 단어들을 사용하면서 "다호메이(아프리카 베냉의 옛 이름 — 역주)에나 어울릴 법한 독재정치를 행하고, 종교재판기의 법정을 세웠으며, 과거 멕시코의 대살육과 맞먹는 대량 학살을 저질렀다"고 명확하게 짚었다. 위정자의 기술이라는 것도 변호사와 마찬가지로 어휘를 얼마나 잘 구사하는가에 달려 있다. 이 기술을 활용하는데 있어서 가장 어려운 점 중 하나는 한 단어가 사회의 각기 다른 계층에게 대개 매우 다른 의미로 이해된다는 사실이다. 그들은 겉보기엔 같은 어휘를 사용하고 있는 듯하지만 결코 동일한 언어로 말하고 있는 것은 아니다.

앞서 든 예에서 낱말의 의미를 변화시키는 주된 요인으로 시간을 언급하였다. 그러나 만약 민족을 대입해서 살펴본다면, 똑같이 문명화한 동시대의 서로 다른 민족들에게 있어서 같은 단어들이 흔히 전혀 다른 개념들과 결부되고 있음을 발견하게 될 것이다. 여행을 통해 얻은 풍부한 경험 없이 이러한 차이점을 이해하는 것은 불가능하기에, 이 점에 대해서는 더 이상 강조하지 않겠다. 다만 군중에 의해 가장 많이 사용되는 낱말이 민족 간에 가장 큰 의미적 격차를 보임을 지적하는데 만족하겠다. 이를테면 오늘날 무척이나 자주 쓰이는 '민주주의', '사회주의' 등이 바로 그런 단어들이다.

실제로 이런 단어들은 라틴족과 앵글로색슨족의 머릿속에서 완전히 상반된 이미지 및 생각들과 부합한다. 라틴족에게 '민주주의'란 무엇보다 국가로 상징되는 집합체의 의지와 결단 앞에서 개인의 자주성과 결정권은 소멸됨을 의미한다. 모든 것을 지휘하고 생산하며, 권력을 독점하고 중앙집권화 하는데 있어서 국가의 책임은 점점 더 커지고 있다. 급진주의자들, 사회주의자들, 왕정주의자들 그 어느 쪽도 예외 없이 모든 정당이 부단히 국가에게 도움을 청한다. 반면 앵글로색슨, 특히나 미국의 경우, 민주주의란 낱말은 개인성과 자유 의지의 공고한 발전, 그리고 국가 기능의 최소화를 의미한다. 경찰, 군대, 외교관계를 제외하고는 그 어느 것도, 심지어는 교육마저도 국가의 지휘권 하에 두지 않는다. 같은 단어가 두 나라에서 완전히 다른 의미를 지니는 것이다(주 — 나는 〈민족 발달의 심리적 법칙들〉에서 라틴족의 민주주의적 이상과 앵글로색슨족의 민주주의적 이상의 차이점을 강조한 바 있다).

2. 환상

문명의 벽두부터 군중은 언제나 환상을 좇아왔다. 그들은 환상의 창조자들을 향해 가장 많은 사원을 짓고, 동상을 세웠으며, 제단을 쌓았다. 과거에 종교적 환상이 있었듯 오늘날엔 철학적·사회주의적 환상이 있다. 지구상에 꽃피웠던 모든 문명의 정점에서 우리는 항상 이 무시무시한 통치자들을 발견한다. 환상의 이름으로 칼데아와 이집트에 사원들이 세워지고, 중세 교회들이 건축되었으며, 1세기 전 유럽 전체가 대혼란에 빠졌다. 우리의 예술적·정치적·사회적 개념들 중 무엇도 그것의 강력한 자취를 드러내지 않는 것은 없다. 가끔씩 인간은 엄청난 격동의 대가로 환상을 뒤엎지만 언제나 그것을 다시 부흥시키도록 운명 지어진 듯하다. 환상이 없다면 인간은 원시적 야만 상태에서 빠져 나올 수 없었을 것이며, 또한 머지않아 그 상태로 되돌아가게 될 것이다. 비록 헛된 그림자임이 분명하지만 우리들의 꿈이 낳은 이 환상은 인간으로 하여금 예술의 광휘와 문명의 영광을 이루어낸 모든 것을 창조하도록 부추겼다.

어떤 작가(Daniel Lesueur, 1860 - 1920)는 같은 견해를 이렇게 요약했다.

"만약 박물관과 도서관에서 종교의 영향을 받은 모든 예술 작품과 기념물들을 찾아내 파괴하고, 교회 광장의 포석들 위로 그것들을 내동댕이쳐 부숴버린다면 인간의 위대한 꿈으로부터 과연 무엇이 남겠는가. 희망과 환상 없이는 존재할 수 없는 인간에게 그 여지를 주는 것, 이것이야말로 신과 영웅과 시인이 존재하는 이유다. 50년 동안 과학은 이러한 역할을 다하는 것처럼 보였다. 그러나 이상에 굶주린 가슴 속에서 곧 평판을 잃고 말았는데, 이는 거짓말을 할 줄 모르며, 뭔가 충분히 약속하기를 주저하는 과학의 속성 때문이었다."

18세기 철학자들은 우리 선조들이 오랫동안 품어왔던 종교적 · 정치적 · 사회적 환상들을 파괴하기 위해 열렬히 공을 들였으며, 그러는 와중에 희망과 인종(忍從)의 샘물을 고갈시켰다. 쓰러진 키메라(사자의 머리, 양의 몸, 용의 꼬리를 가진 괴물로서 비유적으로 공상, 망상, 몽상 등을 일컬음 — 역주)의 주검 뒤에서 그들은 맹목적 이며 은밀한 — 약자에게 냉혹하며 연민을 모르는 — 자연의 힘을 발견했다.

거듭되는 진보에도 불구하고 철학은 이제껏 군중을 매혹시킬 만한 그 어떤 이상향도 제공하지 못했다. 그러나 절대적으로 환상 을 갈구하는 군중은 본능적으로 마치 빛을 향해 날아드는 곤충들 처럼 이상향을 제시하는 연설가 곁으로 몰려든다. 민중의 진화를 이끈 중대한 요인은 결코 진실이 아니었다. 바로 오류였다. 오늘 날 사회주의가 그토록 강한 힘을 발휘하는 까닭은 그것이 여전히 살아있는 유일한 환상이기 때문이다. 과학적 논증들도 그것의 전 진을 막지 못하고 있다. 사회주의의 주된 힘은 대담하게도 인간에 게 감히 행복을 약속할 만큼 현실에 무지한 사람들에 의해 방어되 고 있다는 사실이다. 오늘날 사회주의적 환상은 차곡차곡 쌓아올 려진 과거의 잔재 위에 군림하고 있으며, 미래 또한 그것에 귀속 되어 있다. 군중은 결코 진리를 갈망한 적이 없다. 군중은 마음에 들지 않는 자명한 이치 앞에서 등을 돌리고는 마음을 사로잡는 오류를 숭앙하는 길을 택할 것이다. 군중에게 환상을 품게 할 줄 아는 자는 쉽게 그들의 주인이 되며, 군중을 각성시키려 드는 자는 언제나 그들의 희생양이 된다.

3. 경험

경험은 군중의 영혼 속에 진리를 확립하고 지나치게 위험해진 환상들을 부수기 위한 거의 유일하게 효과적인 방법이다. 하지만 아주 광범위한 계층에서 자주 반복된 경험이어야 한다. 한 세대가 경험한 것은 대개 그 다음 세대에게 무용(無用)하며, 바로 이 때문에 논거로 제시된 역사적 사건들은 쓸모가 없는 것이다. 단, 예외가 있다면 오직 하나, 경험이 일말의 영향력이라도 행사하여 군중의 영혼에 깊이 뿌리내린 오류에 타격을 가하기 위해서는 여러 시대에 걸쳐 얼마나 많이 반복된 것이어야 하는가를 증명하는 데에서만 그 용도를 찾을 수 있다.

18, 19세기는 미래의 역사가들에 의해 아마도 신기한 실험의 시대로 언급될 것이다. 그 어느 때에도 이토록 많은 실험이 시도되지는 않았다. 그 중에서 가장 거대한 실험은 프랑스 혁명이었다. 순수이성의 지시에 따라 한 사회를 송두리째 바꿔 놓을 수는 없음을 발견하기 위해 수백만 명의 사람들이 학살당하고, 이십 년 간 유럽 전체가 격랑에 시달려야 했다. 독재자에게 갈채를 보내는 민중은 엄청난 대가를 치르게 된다는 것을 체험을 통해 증명하기 위해 50년 간 두 번의 치명적인 사건을 겪어야 했다. 그런데 그토록 명백

함에도 불구하고 충분히 설득력 있는 실험 결과는 아니었던 듯하다. 여하튼, 첫 번째 실험은 300만 명의 인명을 앗아가고 한 번의 내습(來襲)을 초래했으며, 두 번째 실험으로 영토의 일부를 상실하고 상비군을 필요로 하게 되었다. 얼마 전, 세 번째 실험이 시도될 뻔 했는데, 언젠가는 시도되고야 말 것이다. 독일의 대규모 병력이 1870년 이전에 널리 알려지던 바와 같은 일종의 비공격적 자위대가 아니라는 사실을 국민 전체가 수긍하기 위해서 우리는 엄청난 희생을 부른 끔찍한 전쟁을 치러야만 했다(주 — 이 경우, 서로 다른 사물들을 거칠고 피상적으로 연결시키는 방식 — 이것의 메커니즘은 앞서 설명하였다 — 에 의해 여론이 형성되었다. 당시 프랑스의 국민병은 교육을 받지 않은 평화로운 상점 주인들로 구성되어 있었고, 아무도 그것을 진지하게 여기지 않았다. 비슷한 이름을 지닌 모든 것은 비슷한 사물을 연상시켰으므로 독일의 국민병 역시 비공격적인 것으로 인식되었다. 일반화된 여론에 있어서 흔히 그러하듯이 당시 지도자들 역시 이러한 대중의 오판을 그대로 수용하고 있었다. 1867년 의회에서 발표된 한 연설문에서, 자주 여론을 따르긴 했어도 그들에 앞서 어떤 의견을 개진한 적은 없는 정치가 티에르(Adolphe Thiers, 1797-1877)는 규모면에서 프랑스와 비슷한 현역군 외에는 역시 프랑스와 같은 국민병을 보유하고 있을 뿐인 프러시아에 대해 크게 신경 쓰지 않아도 된다고 말했다). 보호정책이 그것을 받아들인 국가들을 파멸시킨다는 것을 인정하기 위해서는 적어도 20년 정도의 지독한 경험이 필요하리라. 이런 예는 끝도 없이 찾아낼 수 있을 것이다.

4. 이성

　　만약 이성이 군중에게 미치는 부정적 영향을 지적할 필요가 없었다면, 군중 정신을 자극하는 요인들을 열거하면서 이성을 언급하는 일은 완전히 배제될 수도 있었을 것이다.

　군중은 이성의 영향을 받지 않으며, 그저 투박한 관념의 연합들을 이해할 뿐임을 이미 확인하였다. 따라서 그들을 동요시킬 줄 아는 연설가는 언제나 그들의 이성이 아닌 감정에 호소한다. 논리적 법칙들은 그들에게 아무런 위력도 미치지 못한다(주 ― 군중을 사로잡는 기술, 그리고 이와 관련하여 논리적 법칙들이 제공하는 허술한 방편들에 대한 나의 초기 관찰은 파리 계엄(1870년 프랑스-프러시아 전쟁 중 프러시아 군대에 의해 파리가 함락됨 ― 역주) 당시로 거슬러 올라간다. 그 날 나는 총사령관 V가 당시 정부의 소재지인 루브르로 호송되는 것을 보았다. 격노한 군중은 그가 프러시아에 팔아넘기기 위해 요새의 지도를 들고 있는 장면을 목격했다고 주장했다. 유명한 웅변가였던 정부의 일원 G.P가 죄수의 즉각적인 처형을 요구하는 군중을 향해 연설하기 위해 밖으로 나왔다. 나는 내심 V에 대한 그들의 규탄이 얼마나 어처구니없는 것인지 밝혀지기를 기대했다. 사실 V는 요새를 설계한 사람 중 하나였고, 더구나 그 지도는 어느 서점에서나 쉽게 구할 수 있는 것이었으므로 G.P가 이 사실을 지적할 것이라 믿었다. 그러나 당시 매우 젊었던 나는, 내 기대와는 전혀 다른 그의 연설에 아연실색하지 않을 수 없었다. 죄수를 향해 다가가며 그는 이렇게 외쳤다. "재판은 엄정하게 이루어질 것입니다. 국가 방위 정부가 여러분을 대신하여 수사를 끝마칠 수 있게 해 주십시오. 일단은 피고를 수감하겠습니다." 표면적으로 욕구가 충족됨에 따라 진정된 군중은 곧 흩어졌고, 약 15분쯤 지나 총사령관 V는 자신의 집에 무사히 도착할 수 있었다. 만약 그 연설가가 분노한 군중 앞에서, 젊은 시절의 내게 그토록 설득력 있게 느껴지던 논리적 증명들을 펼치려 했다면 아마도 V는 그 자리에서 갈기갈기 찢기고 말았을 것이다). 군중을 설득하기 위해서는 우선 그들이 어떤 감정들에 의해 격앙되어 있는지 파악해야 하고, 그것을 공유하는 척 해야 하며, 초보적인 결합 방식을 통해 암시적인 이미지들을 제시하면서 그 감정들을 변화시키는 일을 꾀해야 한다. 또, 필요할 경우에는 방침을 변경하고, 특히 매 순간 군중의 가슴 속에서 어떤 감정이 생겨나고 있는지를 짐작해야 한다. 말하는 순간마다 생성되는 반응에 따라 끊임없이 화법을 변화시킬 필요가 있는데, 이는 미리 연구해서 준비한 원고를 애초부터 무용지물로 만든다. 청중이 아닌 자기 자신의 사고 과정을 따라가는 연설가는 바로 그 이유 하나만으로 모든 영향력을 잃는다.

치밀하고 연속적인 사유를 통해 확신을 갖는 데 익숙한 논리적인 사람들은 군중에게 말을 건넬 때도 이러한 설득 방식의 사용을 자제하지 못하며, 자신들의 논거에 대한 청중의 반응이 신통찮다는 사실에 늘 놀란다. 한 논리학자는 이렇게 썼다.

"삼단논법 — 즉 동일성의 연합 — 에 기반을 둔 통상적인 수학적 결론은 불가결하다. … 필연성은 하다못해 무생물 집단으로부터도 만약 그들이 동일성 연합의 논리를 따를 수만 있다면 동의를 이끌어낼 것이다."

아마도 그러할지 모른다. 그러나 그것을 따르기는커녕 이해할 능력도 없는 군중은 무생물 집단보다 낫지 않다. 미개인이나 아이들처럼 지적 수준이 떨어지는 사람들을 논리적 추론으로 설득하려 애써 보면 우리는 이 방식이 얼마나 미약한 가치를 지니는지 깨닫게 될 것이다.

감정과의 싸움에 있어서 이성적 논법이 얼마나 완벽하게 무력한가를 확인하기 위해 굳이 정신적으로 초보 단계에 있는 존재들까지 들먹일 필요는 없다. 극히 단순한 논리조차 거스르는 종교적 미신들이 얼마나 오랫동안 끈질기게 살아남았는지를 되새겨보자. 거의 이천 년 동안 가장 현명한 천재들조차도 종교적 법칙에 굴복하였으며, 근대에 와서야 겨우 그것의 무오류성(無誤謬性)이 반박될 수 있었다. 물론 중세나 르네상스 시기에도 계몽된 사람들은 많았다. 그러나 논리적 사유를 통해 종교적 미신의 유치한 면면을 밝혀낸 이는 아무도 없었으며, 그 누구도 악마의 폐해나 마녀를 불살라야 하는 이유에 대해 의심하지 않았다.

이성이 군중을 인도하지 않음을 아쉬워해야 할까? 감히 그렇게는 말할 수 없으리라. 아마도 이성은 인간의 공상이 열렬하고도 대담하게 일으켜 세운 문명의 길로 인류를 안내하지는 못했을 테니 말이다. 우리를 이끄는 무의식의 딸들, 이 허황한 상상들은 아마도 불가피했을 것이다. 어떤 민족이든 그들의 정신 구조 속에 운명의 법칙을 품고 있다. 어쩌면 그들은 외관상 가장 불합리해

보이는 충동 속에서조차 피할 수 없는 본능에 의해 이 법칙에 순종할 것이다. 때때로 민중은 도토리 하나를 떡갈나무로 자라나게 하거나 혜성이 궤도를 따라 돌게 하는 원동력에 견줄 만한 어떤 은밀한 힘의 영향 하에 놓여 있는 것처럼 보인다.

이 중 우리가 간파할 수 있는 얼마 안 되는 그 부분은 한 민족의 전반적 진화 과정 속에서 찾아야 하며, 결코 이따금 이러한 진화를 견인한 듯 보이는 개별 사건들 속에서 찾아서는 안 된다. 만약 우리가 서로 독립된 사건들만을 주시한다면 역사는 부조리한 우연에 의해 지배된다고 느껴질 것이다. 갈릴리의 무지한 목수 하나가 이천 년 동안 전지전능한 신으로 추앙받을 수 있었던 것도, 그의 이름으로 가장 위대한 문명들이 성립되었다는 것도 있을 법하지 않은 일이었다. 또, 자신들의 사막에서 빠져 나온 몇몇 아랍인 무리들이 옛 그리스-로마권의 가장 큰 영토를 차지하고, 알렉산더 대왕 때보다 더 큰 제국을 세울 수 있었던 것도 믿기지 않는 일이었다. 또한 계층 간 위계 서열이 분명하며 오랜 역사를 지닌 유럽에서 비천한 포병대 중위 하나가 민중과 군주들 위에 군림하는데 성공한 것 역시 거짓말 같은 일이었다.

그러므로 이성은 철학자들에게 맡겨두고, 그것이 인간사에 끼어들기를 너무 바라지 말자. 이제껏 모든 문명 형성의 커다란 원동력이었던 명예, 자기희생, 종교적 신앙, 야망, 애국심 등의 감정은 이성에 의해 만들어진 것이 아니며, 대개는 이성을 무릅쓰고 생겨났던 것이다.

3장

군중의
선동가와
설득 수단

우리는 군중의 정신 구조가 어떠하며, 그들의 영혼을 자극하는 동기가 무엇인지 알게 되었다. 이제 이러한 동력들이 어떤 식으로 적용되어야 하는지, 또 누구에 의해서 제대로 이용될 수 있는지 탐색하는 일이 남았다.

1. 군중의 선동가

        짐승의 무리든, 인간 집단이든 어느 정도 수효 이상의 생명체들이 일단 모이면 본능적으로 우두머리의 휘하에 놓이게 된다.

인간 군중 속에서 실질적인 수장은 흔히 일개 선동가에 지나지 않지만 그 자체로도 매우 비중 있는 역할을 담당한다. 그의 의지는 여론 형성과 동화의 핵심이 되는 것이다. 군중은 주인 없이 지낼 수 없는 굴종적인 무리이다.

대개 선동가는 그보다 앞선 다른 선동가에 의해 이끌리던 자이다. 그는 현재 자신이 열렬히 포교하고 있는 그 사상에 먼저 사로잡혔더랬다. 그 밖의 모든 것이 사라지고, 그에 반하는 다른 견해들은 오류이거나 미신인 듯 여겨질 정도로 그는 완벽하게 도취되었던 것이다. 이를테면 루소(Jean-Jacques Rousseau, 1712-1778)의 철학적 사상에 깊이 빠져 그것의 전파를 위해 종교 재판 방식을 취했던 로베스피에르를 예로 들 수 있다.

대체로 선동가들은 생각보다 행동이 앞선다. 또, 별로 통찰력을 지니고 있지 않은 데, 그도 그럴 것이 통찰력은 대개 인간을 회의와 무기력으로 이끌기 때문이다. 따라서 선동가들은 특히 신경쇠약 환자나 쉽게 흥분하는 사람, 광기를 넘나드는 반미치광이들 가운데서 모집된다. 그들이 옹호하는 사상이나 그들이 추구하는 목적이 너무나 부조리함에도 불구하고 모든 논리적 사유는 그들의 막강한 신념 앞에서 사그라진다. 멸시나 박해는 아무런 타격도 가하지 못하며, 오히려 그들을 더욱 더 자극할 뿐이다. 개인의 이익, 가족, 모든 것이 희생된다. 자기보존의 본능조차 소멸되어, 흔히 그들이 갈구하는 단 하나의 보상은 바로 순교자가 되는 것일 정도다. 그들의 믿음이 두터울수록 그들의 말에는 더 큰 암시력(暗示力)이 부여된다. 군중은 언제나 강한 의지를 보이며 감동을 불러일으킬 줄 아는 사람의 말에 귀 기울일 준비가 되어 있다. 군중을 이룬 사람들은 스스로의 의지를 모두 잃은 채 본능적으로 그것을 소유한 사람을 향해 몸을 돌린다.

민중에게 선동가가 부족했던 적은 없었다. 그러나 그들 모두가 진정한 포교자로서의 굳은 신념을 가지고 있었던 것은 아니다. 대개는 사적 이익만을 좇고 천박한 본능에 아첨하면서 설득을 꾀하는 달변가들이었다. 이런 식으로 꽤 넓은 범위까지 영향력을 미칠 수 있지만, 이는 언제나 매우 일시적인 현상일 뿐이다. 피에르 레르미트(Pierre l'Ermite, 11세기 후반 십자군 전쟁 당시 민중을 이끌던 설교자 — 역주)파, 루터(Martin Luther, 1483-1546, 독일의 종교개혁가 — 역주)파, 사보나롤라(Girolamo Savonarola, 1452-1498, 이탈리아 종교개혁가 — 역주)파, 프랑스 혁명파 등 군중의 영혼을 고무한 위대한 신념가들은 스스로 어떤 믿음에 완전히 홀려버린 연후에 비로소 그 마력을 발휘하였다. 그제야 그들은 인간을 꿈의 절대적 노예로 만들어버리는, 신앙이란 이름의 무시무시한 힘을 군중의 영혼 속에 불어넣을 수 있었다.

종교적 신앙이든, 정치·사회적 신념이든, 업적이나 인물 및 사상에 관한 신뢰든 믿음을 창조하는 것이야말로 위대한 선동가들의 역할이며, 바로 이 때문에 그들의 영향력은 막강할 수밖에 없다. 믿음은 언제나 인류가 지닌 가장 큰 위력 중 하나였으며, 그런 맥락에서 믿음으로 산도 옮긴다는 복음은 일리가 있다. 인간에게 믿음을 주는 것, 이는 그의 힘을 현저히 증가시키는 것이다. 위대한 역사적 성과들은 가진 거라곤 오직 믿음뿐인 미천한 신자들에 의해 달성되었다. 세상을 다스린 종교를 구축하고, 지구 반대편까지 영토를 넓힌 제국을 세운 이들은 식자나 사상가들이 아니었으며, 회의주의자들은 더더욱 아니었다.

그러나 이러한 예에 걸맞을 만한 뛰어난 선동가는 역사 속에 많지 않아서 쉽게 그 수를 헤아릴 수 있을 정도다. 위로는 강력한 지도자에서부터 아래로는 연기 나는 주막에 앉아 스스로도 거의 이해하지 못하는 문구를 되풀이하며 서서히 동료들을 현혹하는 ― 그렇게 함으로써 모든 꿈과 희망이 이루어지리라 믿는 ― 공장 노동자에 이르기까지 일련의 인간 군상이 있고, 바로 그 정점에 이 걸출한 선동가들이 있다.

사회 계층의 전역에 걸쳐서, 신분의 높고 낮음을 막론하고 인간은 혼자인 상태에서 벗어나는 즉시 선동가의 영향 하에 놓이게 된다. 대부분의 사람들은 ― 특히 민중들이 더욱 그러하지만 ― 자신의 전문 분야 이외의 문제에 대해서는 그 어떤 분명하고 논리적인 생각도 갖고 있지 못하며, 스스로의 행동 방향을 결정할 능력이 없다. 선동가가 그들의 길잡이 노릇을 한다. 부득이한 경우, 독자를 위해 여론을 조성해주고, 다 만들어진 문장들을 제공함으로써 사유의 고충으로부터 벗어나게 해주는 정기 간행물이 선동가를 대체할 수 있다.

선동가들의 권위는 매우 전제적이며, 바로 이 전제주의로 말미암아 그들의 입지는 더욱 공고해진다. 권위를 지탱할 만한 그 어떤 수단도 없이, 그들이 얼마나 쉽게 거칠고 소란스런 노동자층으로부터 복종을 얻어내는지 우리는 자주 확인하였다. 그들은 노동 시간과 임금을 책정하고 파업을 결정하며 정해진 시각에 그것을 시작하고 멈추게 한다.

오늘날 공권력이 점점 더 약해지고 반박 당함에 따라 선동가들은 점차 그것을 대신하는 경향을 보인다. 절대 권력을 지닌 이 새로운 주인들은 이제껏 그 어느 정부도 누려보지 못한 완벽한 순종을 군중으로부터 이끌어낸다. 만약 어떤 사고로 선동가가 사라지고, 그 즉시 다른 누군가가 그 자리를 채우지 않으면 군중은 다시 응집력도, 저항력도 없는 일개 무리로 되돌아간다. 파리 시내 합승마차 피고용자들이 파업을 벌였을 때, 그것을 이끌던 두 명의 선동가를 구속하는 것만으로도 충분히 파업은 중지되었다. 언제나 군중의 영혼을 지배하는 것은 자유가 아닌 굴종에의 욕구다. 스스로 주인이라 자처하는 자를 본능적으로 따를 만큼 그들은 복종을 갈망한다.

선동가들은 두 부류로 명확히 구분된다. 한 편은 에너지가 넘치며 강하지만 일시적인 의지를 보이는 이들이고, 다른 한 편은 ─ 훨씬 더 드물지만 ─ 강하고도 지속적인 의지를 소유한 이들이다. 전자는 거칠고 용감하며 대담하다. 그들은 특히 습격을 지휘하거나 군중을 부추겨 위험 속으로 끌어들일 때, 또 어제의 신병(新兵)을 순식간에 영웅으로 변신케 하는 일 따위에 유능하다. 제1제국의 네이(Michel Ney, 1769-1815)와 뮈라(Joachim Murat, 1767-1815) 등이 그런 부류에 해당한다. 근래의 예로는 가리발디

(Giuseppe Garibaldi, 1807-1882) 같은 인물도 있다. 재능은 없었지만 정력 넘치는 모험가로서, 얼마 되지 않는 사람들을 이끌어 훈련받은 군대가 지키고 있던 나폴리왕국을 점령하는데 성공했다.

그러나 이 범주에 속한 선동가들의 에너지는 강하더라도 일시적이어서 그것을 생성시킨 자극제보다 더 길게 살아남지는 않는다. 생생한 활력을 드러내던 영웅들은 앞서 인용한 이들처럼 범상한 삶의 흐름 속에서 종종 매우 놀랄 만큼의 나약함을 보인다. 그토록 훌륭하게 타인들을 이끌던 그들은 아주 단순한 상황에서조차 심사숙고하거나 스스로 처신하는데 무능력해 보인다. 이들은 오직 뭔가에 의해 이끌리고 끊임없이 자극받을 때, 사람이든 사상이든 숭앙의 대상이 있을 때, 뒤따라갈 선명한 행동 지침이 보일 때에만 그들의 역할을 수행할 수 있다.

두 번째 부류의 선동가들은 꾸준한 의지를 지닌 인물들로서, 비록 확연히 눈에 띄지는 않지만 훨씬 막대한 영향력을 행사한다. 그들 가운데서 종교의 진정한 주창자들이나 위대한 업적을 이룬 인물들을 찾을 수 있는데, 이를테면 성 바오로, 마호메트, 크리스토퍼 콜럼버스, 레셉스 등이다. 명석하든 아둔하든 중요치 않다. 세상은 언제나 그들의 것이리라. 그들이 소유한 견고한 의지는 매우 희귀하고 강한 능력이어서 무엇이든 꺾을 수 있다. 우리는 아직도 지속적이고 굳건한 의지가 해낼 수 있는 일에 대해 충분히 깨닫지 못하고 있다. 자연도, 신도, 인간도, 그 무엇도 그것에 맞설 수 없다.

이를 증명하는 가장 최근의 예는 동양과 서양을 분리하고, 3천 년 간 최고의 통치자들이 헛된 시도만 했을 뿐 이루지 못했던 업적을 달성한 위대한 인간에 의해 주어졌다. 그는 나중에 유사한 작업을 시도하다가 실패했는데, 그 때 그는 이미 늙은 상태였다. 모든 것이 그러하듯 늙음 앞에서는 이러한 의지마저도 꺾여버린다.

과연 의지의 힘이란 무엇인가를 밝혀내고자 한다면 수에즈 운하를 건설하기 위해 극복해야 했던 어려움들을 낱낱이 들춰내 보이기만 하면 될 것이다. 카잘리스(Cazalis) 박사는 한 사람의 목격자로서, 이 위대한 업적을 이룬 불멸의 창조자로부터 직접 들은 총괄적 이야기를 빼어난 몇 줄로 요약하였다.

"그는 매일매일 에피소드 형식으로 운하의 대서사시를 읊곤 했다. 그가 무찔러야 했던 모든 것, 그에 의해 가능해진 불가능들, 그가 맞닥뜨린 모든 저항들, 그에 대항한 결탁들, 그리고 결코 그를 낙담시키거나 무너뜨리지 못했던 좌절, 역경, 실패들에 대해 이야기했다. 또한, 쉼 없이 그를 반박하고 공격했던 영국, 주저하던 이집트와 프랑스, 첫 번째 공사에 누구보다 극렬히 반대하며 노동자들에게 물을 주지 않음으로써 갈증을 호소하는 그들을 손 안에 넣으려 했던 프랑스 영사를 떠올렸다. 뿐만 아니라 해양부, 기술자들, 경험과 학식을 갖춘 진지하고 신중한 — 하나같이 본성적으로 냉담하며 마치 몇 월 며칠 몇 시에 개기일식이 있을 것이라고 장담하듯이 과학적으로 재앙을 예측하고 확신하던 — 사람들을 회상했다."

모든 위대한 선동가들의 삶을 다룰 책이 있다면, 그 안에는 많은 이름이 포함되지는 않을 것이다. 그러나 바로 몇 안 되는 이 이름들이 우리 문명과 역사의 가장 중요한 사건들의 선두를 장식했다.

2. 선동가의 행동 수단 : 단언, 반복, 전염

순식간에 군중의 마음을 사로잡아 그들로 하여금 어떤 일을 ― 이를테면 궁전을 약탈하고, 요새나 바리케이드를 지키기 위해 자신을 처참한 죽음으로 내모는 등의 행위를 ― 저지르게 하려면 재빨리 흡수되는 암시적 제안들을 이용해야 한다. 단호하고 강력한 암시일수록 좋다. 더불어, 군중은 이미 어떤 환경에 의해 미리 준비된 상태여야 하며, 특히 그들을 지휘하고자 하는 사람은 뒤에서 자세히 다룰 '위엄' 이라 일컬어지는 자질을 지녀야만 한다.

반면, 군중의 정신 속에 어떤 사상이나 신념 ― 예를 들어 현대 사회주의 이론 등 ― 을 주입시키려 할 때 선동가가 취하는 행위 방식은 이와 다르다. 그는 주로 세 가지 명확한 수단을 이용하는데 단언(affirmation), 반복(répétition), 전염(contagion)이 그것이다. 이들은 천천히 작용하지만 일단 효력이 발생하기만 하면 매우 오래 간다.

모든 추론과 증거로부터 벗어난 쉽고 단순한 확언은 군중의 머릿속에 어떤 생각을 침투시키는 가장 확실한 방법 중 하나다. 뚜렷한 근거도 없고 논리적 증명도 불가능한, 간결하고 명료하며 확신에 찬 문장일수록 권위를 지닌다. 어느 시대든 종교 서적과 법률들은 언제나 간명한 단문으로 쓰였다. 특정한 정치적 입장을 옹호해야 하는 정치가들이나 광고로 물건을 팔아야 하는 사업가들은 이 단정적 언술의 가치를 잘 알고 있다.

그럼에도 불구하고 단언은 가능하다면 같은 어휘들로 끊임없이 반복될 때에만 실질적 위력을 지닌다. 나폴레옹은 "신뢰할 수 있는 단 하나의 수사기법은 반복"이라고 말하곤 했다. 확정적으로 언급된 사물은 반복에 의해 마침내 군중의 영혼 속에 자리 잡아 마치 증명된 사실처럼 받아들여진다.

식견을 갖춘 사람들에게조차 반복이 얼마나 강한 영향력을 행사하는지 보면서, 그것이 일반 대중들에게 어떤 힘을 미칠지는 충분히 가늠할 수 있다. 반복적으로 접한 내용은 결국 무의식의 가장 깊은 영역, 즉 인간 행위의 동기가 형성되는 바로 그 곳에 아로새겨지게 되는 것이다. 어느 정도 시간이 흐른 후, 우리는 그 반복된 주장을 최초로 발화한 이가 누구였는지 잊은 채 그것을 믿어버린다. 광고의 놀라운 힘도 이런 식으로 설명된다. '가장 맛있는 초콜릿 X'라는 문장을 백 번, 천 번 읽으면 우리는 사방팔방에서 그 말을 들은 것처럼 믿게 되고, 종국에는 그것에 확신을 품게 된다. 'Y의 밀가루가 난치병에 걸린 이들을 낫게 했다'는 문구를 천 번 읽은 어떤 사람이 어느 날 유사한 종류의 병에 걸리게 되면, 자연스럽게 Y의 밀가루를 먹어보고 싶어지는 것이다. 만약 우리가 같은 신문에서 A는 지독한 불한당이고, B는 굉장히 정직한 남자라는 글을 매일 읽는다면 결국 그렇게 믿어버리고 말 것이다. 물론 그것과 정반대의 견해를 제시하거나 두 사람에 대해 상반된 평가를 내리는 다른 신문을 자주 읽지 않는다는 전제 하에서 말이다. 막상막하의 위력을 지닌 단언과 반복은 서로에게 유일한 적수이다.

만장일치의 동의를 얻은 어떤 주장이 충분히 반복되었을 때 — 조력(助力)을 돈으로 사들일 만큼 부유한 몇몇 유명 금융 회사의 경우처럼 — 하나의 여론이 형성되고 강력한 전염 기제가 개입한다. 군중 안에서 사상, 감정, 느낌, 신념 등은 병원균만큼이나 강한 전염성을 띤다. 이는 군집한 동물들에게서조차 발견될 정도로 매우 자연스런 현상이다. 말 한 마리의 나쁜 버릇은 얼마 지나지 않아 같은 마구간의 다른 모든 말들에 의해 모방된다. 몇 마리 양들의 공황 상태나 무질서한 행동들은 곧 양떼 전체로 퍼진다. 군중속 개인에게는 어떤 감정이든 매우 빠르게 전염되며, 이것이 바로 급작스런 혼란의 이유이다. 광기와 같은 정신적 혼란 역시 쉽게 옮는다. 정신과 전문의가 정신병에 걸리는 일이 허다함은 잘 알려진 사실이다. 최근엔 인간에게서 동물에게로 전해지는 광기의 형태들까지 언급되는데, 예를 들어 광장공포증(廣場恐怖症)과 같은 것들이다.

사람들이 동시에 한 곳에 있어야만 전염이 가능한 것은 아니다. 모든 영혼을 같은 방향으로 이끌고 그들에게 군중의 특성을 부여하는 사건의 영향 하에서라면, 더구나 그들의 정신이 앞서 논한 간접적 요인들에 의해 준비된 상태라면 멀리 떨어져서도 전염이 일어날 수 있다. 1848년 파리에서 폭발하기 시작한 혁명은 바로 이런 식으로 유럽 각지에 급속히 확산되어, 여러 왕국을 위태롭게 하였다.

사회 현상에서 엄청난 영향력을 갖는 것으로 간주되는 '모방' 도 실은 단순한 전염 결과에 지나지 않는다. 다른 글에서 그것의 역할을 논한 바 있으므로, 여기서는 내가 이미 오래 전에 언급한 ― 이후 다른 학자들에 의해 발전된 ― 내용을 다시 싣는 것으로 만족하겠다.

"동물과 마찬가지로 인간에게도 당연히 모방하는 성향이 있다. 인간은 ― 물론 그것이 쉽다는 조건 하에서 ― 모방을 필요로 한다. 우리가 유행이라 부르는 것의 위력 또한 이 모방 욕구에 의해 강화된다. 의견이든, 사상이든, 문학적 표현 양식이든, 혹은 그저 옷차림이든 간에 감히 유행의 제국에서 벗어날 수 있는 이가 몇이나 되겠는가? 논리적 근거가 아니라 본보기를 제시함으로써 군중을 이끄는 거다. 각 시대마다 스스로 행동 방향을 결정하는 소수의 개인들이 있으며, 의식 없는 대중은 그들을 따라 한다. 그러나 이들 소수는 사회 통념과 지나치게 동떨어진 행보를 지양해야 할 것이다. 그들을 모방하는 일이 너무 어려워지면 그들의 영향력은 미미해지기 때문이다. 바로 이런 까닭에 한 시대를 지나치게 앞서 가는 사람들은 대개 그 시대에 아무런 힘도 미치지 못한다. 격차가 너무 크기 때문이다. 마찬가지 이유로 유럽인들은 그 문명의 우월성에도 불구하고 오리엔트 민족들에게 별다른 위력을 떨치지 못한다. 그들은 너무나 다르다.

"과거와 상호모방(相互模倣)의 이중 작용은 한 시대, 한 나라의 모든 인간들을 서로 닮게 만든다. 철학자, 지식인, 문학가 등 마땅히 이러한 작용으로부터 자유로울 듯한 사람들조차도 그들이 속한 시대를 즉각 알아차릴 수 있을 만큼 사상과 문체에 있어서 유사성을 보인다. 한 사람의 애독서 및 일상적 관심사, 그리고 그가 속한 사회적 환경 등을 속속들이 알기 위해서 그 사람과 긴 시간 동안 이야기를 나눌 필요는 없다(주 ― 귀스타브 르 봉 〈인간과 사회(L'homme et les sociétés)〉 2권, p. 116, 1881)."

전염은 개인들에게 특정 견해뿐 아니라 지각(知覺)의 방식까지 강제할 만큼 강력하다. 한동안 사람들로 하여금 어떤 작품을 ― 이를테면 〈탄호이저(Tannhäuser)〉와 같은 작품을 ― 멸시하게 만들고는 몇 해 지난 후, 가장 혹평을 퍼붓던 사람들마저도 탄복하게끔 하는 것이 바로 이 전염이다.

군중의 신념과 여론은 결코 추론이 아닌 전염 기제에 의해 전파된다. 오늘날 노동자들의 사상은 다른 곳이 아닌 선술집에서 단언, 반복, 전염의 경로를 통해 형성되고 있는 것이다. 어느 시대이든 군중의 신념이 생성된 방식은 이와 크게 다르지 않다. 르낭(Ernest Renan, 1823-1892)은 초기 기독교의 창시자들을 '이 주막 저 주막으로 옮겨 다니며 자신들의 사상을 전파하는 사회주의 노동자들'에 비유했다. 타당한 얘기다. 또 볼테르(Voltaire, 1694-1778)는 기독교에 관해 언급하면서 100년이 넘도록 가장 비루한 천민들만이 그것을 신봉했음을 지적한 바 있다.

방금 인용한 것과 유사한 예들을 통해 전염 기제가 민중 계층에서 먼저 작용한 후 사회의 상류층으로 이동함을 확인할 수 있다. 이는 오늘날 사회주의 교리와 관련하여 우리가 목도하는 현상이다. 이제 사회주의는 그 사상에 의해 첫 번째 표적으로 낙인찍힌 사람들 사이에서 확산되기 시작했다. 전염의 메커니즘이 작용하는 곳에서는 사적 이익 자체가 소멸하는 것이다.

이런 까닭에 대중적으로 득세한 모든 견해는 그것의 부조리함이 눈에 띔에도 불구하고 결국 거대한 힘으로 사회 최상위층에까지 위력을 뻗치게 된다. 그런데 군중의 신념이란 사실, 언제나 어느 정도는 정작 그것이 발생한 계층에서 별로 영향력을 행사하지 못한 채 남아있던 우월한 관념으로부터 유래한 것이기에, 상류층에 대한 하층민들의 반발은 더욱 의아스럽다. 이 관념에 사로잡힌 선동가들은 곧 그것을 점령하여 변형시키고, 당파를 만들어 왜곡하며, 점점 더 일그러져가는 그 관념을 군중에게 전파한다. 어느덧 대중적 진실이 된 이 관념은 어찌 보면 그것의 발원지로 거슬러 올라가 마침내 한 국가의 상류층에까지 영향을 미치게 되는 것이다. 결국은 지성이 세계를 이끌지만 너무나 간접적인 방식에 의해서다. 방금 설명한 절차에 따라 어떤 사상이 널리 퍼졌을 때, 그것을 성립한 철학자들은 이미 오래 전에 흙으로 돌아간

후인 것이다.

3. 위엄

단언, 반복, 전염 기제를 통해 전파된 사상은 마침내 '위엄(prestige)' 이라 불리는 신비로운 힘을 얻으며, 그로부터 막강한 세력을 획득하게 된다.

사상이든 사람이든 이 세상을 지배한 모든 것은 주로 이 '위엄' 이란 낱말이 뜻하는 불가항력을 지님으로써 그 권위를 인정받았다. 이 단어는 누구나 그 의미를 이해할 수 있음에도 불구하고 너무나 다양한 방식으로 쓰이는 까닭에 명확히 정의내리기는 쉽지 않다. 위엄은 '감탄' 혹은 '외경심' 과 같은 감정을 유발할 수 있으며, 때로는 이러한 정서를 기반으로 형성되기도 한다. 그러나 이것 없이도 완벽하게 존재할 수 있는데, 이를테면 알렉산더, 시저, 마호메트, 부처 등은 이미 죽었기 때문에 두려움을 불러일으키지 않지만 범접할 수 없는 위엄을 품고 있다. 한편, 인도 지하 사원의 무시무시한 신들과 같이 우리가 찬양하진 않으나 거대한 위엄을 발산하는 가상의 존재들도 있다.

실제로 위엄이란 특정 개인, 업적, 사상이 우리의 영혼 속에서 발휘하는 일종의 마력으로서 비판능력을 마비시키며, 놀라움과 존경으로 가슴을 가득 채우게 한다. 다른 모든 감정들과 마찬가지로 이렇게 생겨난 감정은 불가해하지만 최면술에 걸린 사람이 아무 저항 없이 따르는 암시와 같은 이치의 것임에는 틀림없다. 위엄은 통치의 가장 큰 원동력이다. 신도, 왕도, 여자도 그것 없이는 결코 군림하지 못했을 것이다.

위엄의 다양한 변종들을 두 가지 주요 형태로 분류할 수 있다. 후천적 위엄(prestige acquis)과 개성적 위엄(prestige personnel)이 그것이다. 후천적 위엄은 이름, 부, 명성에서 비롯된다. 이는 개인이 선천적으로 지니는 위엄과는 무관할 수 있다. 반면에 개성적 위엄은 명성이나 영광, 부와 공존할 수도 있고, 이런 것들에 의해 더욱 공고해질 수도 있으나, 또 완벽하게 독립적으로 존재할 수도 있다.

후천적 ─ 혹은 인공적 ─ 위엄은 훨씬 더 일반적인 것이다. 한 인간이 특정한 자리를 차지하고 있거나, 어느 정도의 부를 소유하고 있거나, 어떤 직함으로 치장되어 있다는 이유만으로도 그는 본래의 인성이나 능력과는 무관하게 위엄을 얻는다. 제복을 입은 군인, 붉은 법복을 입은 사법관은 언제나 위엄을 풍긴다. 판사들에게 법복과 가발은 필수 불가결하다는 파스칼(Blaise Pascal, 1623-1662)의 지적은 매우 타당하다. 그것들이 없다면 그들의 권위는 크게 훼손될 것이다. 가장 완고한 사회주의자도 왕자나 후작을 볼 때면 언제나 조금쯤 감동한다. 이런 직함만 있다면 상인을 속여 원하는 모든 것을 취할 수도 있다(주 ─ 직함, 훈장, 제복 등이 군중에게 영향을 미치는 것은 어느 나라에서나 마찬가지다. 심지어는 개인의 자주성이 가장 많이 발전된 곳에서조차 그러하다. 이와 관련하여 영국에서 특정 인물들이 지니는 위엄에 대해 기술한 어느 여행가의 책에서 흥미로운 부분을 발췌해 여기 옮긴다. "다양한 만남을 통해서 나는 귀족을 직접 보거나 만나는 것이 가장 이성적인 영국인들을 특이한 도취 상태로 몰아넣는다는 사실을 감지했다. 높은 지위를 보장할 만큼 충분한 부를 소유한 귀족이라는 조건이 충족될 때, 사람들은 그를 미리부터 경애하며, 그와 대면한 자리에서 그가 무슨 행동을 하든 기꺼이 받아들인다. 그가 다가오기만 해도 그들은 행복에 겨워 낯을 붉히고, 그가 말이라도 걸면 얼굴은 환희로 차올라 더욱 붉어지며, 그들의 눈동자는 여느 때와 다른 광채로 빛난다. 이렇게 말하는 것이 가능하다면 스페인인에게 춤이, 독일인에게 음악이, 프랑스인에게 혁명이 있듯 그들의 핏속에는 귀족이 있다. 말(馬)과 셰익스피어를 향한 그들의 열정도 이보다 더 격렬하지는 않으며, 그것으로부터 얻는 그들의 자부심과 만족감도 이보다는 덜 근본적인 것이다. 영국 귀족 사회를 다루는 도서들의 수는 상당히 많으며, 어디에서든 마치 성서처럼 누구나 한 권씩 손에 들고 있다.").

　이와 같은 위엄은 인간에게서 발현되는 것이다. 이 곁에 사상, 문학 혹은 예술 작품으로부터 발산되는 위엄을 배치할 수 있다. 이는 대개 축적된 반복에 지나지 않는다. 역사, 그 중에서도 문학사나 예술사는 아무도 제어하려 들지 않는 똑같은 판단의 반복일 뿐이다. 결국 저마다 학교에서 배운 것을 되풀이해서 읊게 된다. 또한, 그 누구도 감히 이의를 제기하지 못하는 이름이나 사물들이 있다. 현대의 독자에게 호메로스(Homeros, 기원전 8세기)의 작품은 부정할 수 없는 엄청난 지루함을 불러일으킨다. 그러나 감히 누가 그것을 입 밖에 내겠는가? 지금의 파르테논(Parthénon) 신전은 아무 흥밋거리 없는 폐허일 뿐임에도 누구나 역사 속의 명장면들을 떠올리지 않고서는 그것을 바라보지 못할 정도로 강한 위엄을 지니고 있다. 위엄의 속성은 사물을 있는 그대로 보는 것을 막고, 우리의 판단을 전부 무력화하는 데 있다. 군중은 언제나, 개인은 대체로 어떤 주제이든지 간에 이미 조성된 여론을 필요로 한다. 이러한 여론의 성공 여부는 그것의 옳고 그름과는 무관하며, 오직 그것의 위엄에 달려 있다.

이제 인공적 혹은 후천적 위엄과는 본질적으로 매우 다른 개성적 위엄에 관해 말할 차례다. 모든 직함과 권위로부터 독립적인 이 힘을 지닌 소수의 사람들은 사회적 지위 여하를 막론하고 주변인들의 마음을 사로잡으며 그들에게 진정한 마력을 행사한다. 쉽게 삼켜버릴 수도 있는 조련사에게 복종하는 야수처럼 누군가의 개성적 위엄에 매료된 사람들은 순순히 그를 따르며, 그의 사상과 정서를 그대로 받아들인다.

부처, 예수, 마호메트, 잔 다르크, 나폴레옹 등 군중을 이끈 위대한 지도자들은 하나같이 매우 높은 수준의 개성적 위엄을 지녔으며, 바로 이를 통해 대중 속으로 파고들었다. 신, 영웅, 교리는 논의의 대상이 아니며, 존재의 당위성에 의문이 제기되는 순간 그들의 위력은 사그라지고 만다.

앞서 인용한 인물들은 유명해지기 훨씬 전부터 예의 매혹적인 힘을 지니고 있었으며, 그렇지 않다면 그토록 이름을 날릴 수도 없었을 것이다. 예를 들어 나폴레옹은 그 영광의 절정에서 자신의 권력으로 말미암은 엄청난 위엄을 과시했다. 그러나 부분적으로 이 위엄은 그가 아무런 권력도 지니지 못하고, 아무에게도 알려지지 않았던 시절에도 이미 갖고 있던 것이었다. 일개 무명 장군으로서 이탈리아 원정군의 지휘를 명받은 나폴레옹은 프랑스 총재회의가 파견한 젊은 불청객을 살벌하게 맞아들일 태세를 갖춘 만만찮은 장군들과 맞닥뜨리게 되었다. 그러나 첫 번째 회담의 처음 일 분 동안 아무런 말도, 몸짓도, 위협도 없이 미래의 위인이 던진 첫 번째 시선 하나에 그들은 모두 굴복했다. 동시대인들의 회고록에 의거하여, 텐은 이 기이한 회담 장면을 다음과 같이 묘사하고 있다.

『거칠고 사나우며 난폭한 군인으로 자신의 큰 키와 용기에 자부심을 갖고 있는 오쥬로(Charles Pierre François Augereau, 1757-1816)를 포함하여, 파리에서 보내진 이 어정뱅이에 대해 그다지 호의적이지 않은 사단의 장군들이 사령부에 도착했다. 그에 대한 이런 저런 얘기를 접한 오쥬로는 미리부터 거부감을 느끼면서 오만해졌다. 바라스(Paul Barras, 1755-1829)가 총애하는 인물, 포도월의 장군(1795년 10월 5일 ― 프랑스 혁명력 포도월 13일 파리에서 일어난 왕당파의 반란을 진압함 ― 역주), 길거리 장군, 언제나 혼자 생각하기 때문에 곰과 같은 인상을 풍기는 자그마한 수학자이자 몽상가라는 평판이 자자했던 것이다. 먼저 온 그들은 나폴레옹을 기다려야 했다. 마침내 그는 검을 두르고 나타나, 모자를 쓰고, 그들에게 자신의 역할을 설명하고 명령을 내린 후 돌려보냈다. 오쥬로는 아무 말도 못한 채 가만히 있었다. 밖으로 나온 후에야 겨우 정신을 차린 그는 평상시처럼 욕설을 내뱉으며, 마세나(André Masséna, 1758-1817)와 함께 그 작달막한 B장군이 그를 접주었다고 인정했다. 처음 본 순간부터 자신을 완전히 주눅 들게 만든 지배력을 그는 이해할 수 없었다.』

걸출한 인물이 된 그의 위엄은, 그의 명성에 힘입어 더욱 커져 흡사 독실한 신자들에게 신적인 존재가 지니는 것만큼이나 확장되었다. 오쥬로보다도 더 난폭하고, 더 기세등등한 혁명군인 방담(Dominique-Joseph René Vandamme, 1770-1830) 장군은 1815년 어느 날 도르나노(Philippe Antoine d'Ornano, 1784-1863) 총사령관과 함께 튈르리 궁의 계단을 오르며 다음과 같이 말했다.

"친애하는 장군, 그 별난 인간이 나한테 어떤 마력을 행사하는 것 같기는 한데 그게 뭔지 나로서는 도무지 알 수가 없습니다. 신도 악마도 무서워하지 않는 내가 그의 곁에만 가면 어느새 어린애처럼 덜덜 떨게 되니 말입니다. 아마 그가 날더러 바늘구멍을 통과해서 불구덩이에 뛰어들라고 하면 그렇게 할 수도 있을 것 같습니다."

나폴레옹은 만나는 모든 사람들에게 마찬가지의 위력을 과시했다(주 — 자신의 위엄에 대해 완벽하게 자각했던 나폴레옹은 자신을 둘러싼 고위층 인물들을 마부만도 못하게 취급할 때 그것이 더욱 공고히 다져짐을 알고 있었다. 그 중에는 유럽 전체를 공포로 몰아넣었던 그 유명한 국민공회 의원들도 있었다. 그 당시 야담들 가운데는 이런 관점에서 흥미로운 얘기들이 넘쳐난다. 하루는 국가회의 도중에 나폴레옹이 브뇨(Jacques Claude Beugnot, 1761-1835)를 마치 잘못 배운 몸종에게나 어울릴 만한 거친 태도로 매우 혹독하게 대했다. 효력이 있었고, 그는 브뇨에게 가까이 다가가 말했다. '이런 멍청이 같으니, 이제 정신 좀 차리겠소?' 이에 고적 대장처럼 큰 키의 브뇨는 몸을 한껏 구부렸다. 자그마한 나폴레옹은 손을 들어 그의 귀를 잡아당겼는데, 브뇨는 훗날 이것을 '황송한 총애의 표시이며, 인간적인 주인의 친근한 몸짓'이라고 적었다. 이러한 예들은 위엄이 유발할 수 있는 비굴함의 정도에 대한 명확한 개념을 제시한다. 또한 위대한 독재자가 자신의 측근들을 한낱 졸병처럼 취급하면서 왜 그리도 지독하게 멸시했는지를 알아차리게 해준다).

다부(Louis Nicolas Davout, 1770-1823)는 마레(Hugues-Bernard Maret, 1763-1839)와 자신의 충성심을 비교하면서 다음과 같이 말했다.

"만약 황제가 우리 둘에게 '나의 정치적 목적을 위해서 아무도 모르게, 또 아무도 빠져 나가지 못하게 파리를 파괴하는 것이 중요하다'고 한다면 마레는 물론 그 비밀을 지킬 것이다. 의심의 여지가 없다. 그러나 그는 자신의 가족을 몰래 빠져 나가게 함으로써 황제의 밀어(密語)를 위태롭게 하는 일만은 피하지 못할 것이다. 하지만 나는, 이 국가 기밀이 탄로날까 두려워 내 아내와 자식들을 거기 남겨둘 것이다."

사람을 현혹시키는 그의 이 놀라운 힘을 떠올려보면, 엘바 섬으로부터의 경이로운 귀환에 자연스레 고개를 끄덕이게 된다. 대국의 조직력과 맞선 고독한 사나이에 의해 프랑스는, 그의 절대 권력에 진저리가 났을 법도 한데 즉시 정복되었다. 자신을 붙잡기로 맹세했던 장군들을 한 번 쳐다보는 것만으로도 나폴레옹은 충분히 그들을 휘어잡을 수 있었다. 아무런 이의 없이 모두가 그 앞에 무릎을 꿇었다.

영국 장군 월슬리(Garnet Wolseley, 1833-1913, 〈The Decline and Fall of Napoleon (1895)〉 등의 저작을 남김 ― 역주)는 다음과 같이 적었다.

"나폴레옹은 자신의 왕국이었던 작은 섬 엘바에서 마치 도망치듯 거의 홀로 프랑스에 상륙했다. 그러고는 몇 주 만에 프랑스의 모든 권력 조직을 전복시켰으며, 유혈 사태 없이 자신의 합법적인 왕권 하에 두는 데 성공했다. 한 인간의 위력이 이토록 놀랄 만큼 뚜렷이 입증된 적이 있는가? 그는 자신의 마지막 원정 기간 내내 연합군들에게 얼마나 탁월한 지배력을 행사하였던지 그들을 제압하기 위해 별다른 노력이 필요치 않았으며, 모두가 그의 주도권에 따랐다."

나폴레옹이 죽은 후에도 그의 위엄은 살아남아 끊임없이 강화되었다. 미천한 그의 조카가 황제로 추대될 수 있었던 것도 바로 이 때문이었다. 오늘날 그의 신화가 되살아나는 것을 보면서, 그의 거대한 그림자가 여전히 강력한 힘을 발휘하고 있음을 알 수 있다.

"당신이 원하는 만큼 수많은 사람들을 학대하라. 수백만의 사람들을 이리 저리 침략 전쟁에 끌고 다니며 학살하라. 충분한 위엄, 그리고 그것을 유지하는데 필요한 능력만 있다면 모든 것이 당신에게 허락된다."

물론 내가 방금 인용한 위엄이 매우 예외적인 것임은 분명하다. 그러나 위대한 종교, 교리, 제국의 기원을 설명하기 위해 이를 언급할 필요가 있었다. 위엄을 통한 장악력을 고려하지 않고, 이 모든 것들의 유래 및 형성과정을 이해하기는 어려울 것이다.

그러나 위엄은 오로지 개인의 지배력, 군인으로서의 영광, 종교적 공포 위에서만 확립되는 것은 아니다. 더 소박하지만 그래도 반드시 주목할 만한 다른 기반이 있을 수 있다. 현 세기는 이와 관련된 여러 예들을 제공한다. 대대손손 기억될 가장 놀라운 본보기 중 하나는 두 대륙을 나눔으로써 지표면의 모양을 바꾸고, 국가 간 교역 관계를 변화시킨 유명한 인물의 이야기일 것이다. 그는 자신의 확고한 의지뿐 아니라 그를 둘러싼 모두를 압도하는 마력으로 업적을 이루어냈다. 반대 세력과 대면할 때마다 그들을 설득하기 위해서 그는 그저 자기 자신을 보여주기만 하면 되는 것이었다. 그가 잠깐이라도 말을 하면, 그가 발산하는 마력 앞에서 적은 어느새 친구가 되곤 했다. 특히 그의 계획에 무지막지한 공격을 가했던 영국인들 모두의 지지를 획득하기 위해서 그는 단지 영국 땅을 밟기만 하면 되었다. 훗날 그가 사우스햄튼(Southampton, 영국 남부 해안의 항구 도시 — 역주)을 지날 때는 종소리가 울려 퍼졌는데, 지금 영국에서는 그를 위해 동상까지 세우려 한다. 인간도 사물도 모두 정복한 그에게 더 이상 난관이란 없었다. 그 어떤 장애도 믿지 않았던 그는 수에즈의 영광을 파나마에 재현하려 했다. 수에즈에서와 마찬가지의 방법으로 다시 일을 시작하였으나, 그는 이미 나이 든 상태였다. 아무리 믿음으로 산을 일으켜 세울 수 있다 해도, 이 또한 그 산이 지나치게 높지 않다는 전제 하에서 가능한 얘기다. 산은 저항했고, 잇따르는 재앙은 영웅을 감싸던 찬란한 영예의 후광을 퇴색시켰다. 그의 일생은 위엄이 어떻게 자라나며, 어떻게 사라지는가를 우리에게 가르쳐준다. 역사를 빛낸 영웅들에 필적하는 위대함을 보여줬던 그는 자국 프랑스의 재판관들에 의해 가장 비루한 중죄인의 처지로 추락하였다. 그가 죽었을 때, 그의 운구는 무관심한 군중 사이로 쓸쓸히 지나갔다. 오직 이국의 통치자들만이 그를 향해 애도를 표했다(주 — 오스트리아의 한 일간지 〈신자유신문 Neue Freie Presse〉이 레셉스(Ferdinand de Lesseps, 1805-1894)의 운명을 주제로 매우 적절한 심리학적 고찰을 내놓았다. "페르디낭 드 레셉스가 유죄판결을 받은 후, 우리에겐 크리스토퍼 콜럼버스의 슬픈 최후에 대해 더 이상 놀랄 자격이 없어졌다. 만약 페르디낭 드 레셉스가 사기꾼이라면 모든 고결한 공상은 죄악이다. 먼 옛날 고대에서였다면 대지의 표면을 변화시켜 천지 창조를 완결한 레셉스에게 영광으로 빛나는 화관을 씌우고, 올림포스 한가운데서 신주(神酒)를 마시게 했을 것이다. 페르디낭 드 레셉스에게 유죄를 선고하면서 상고재판소장은 불멸의 존재가 되었다. 왜냐하면 사람들은, 인생 전부가 동시대인의 영광 그 자체였던 한 노인에게 죄수의 조끼를 입힘으로써 시대의 위상을 낮추기를 두려워하지 않은 그 남자가 도대체 누구였는지 두고두고 물을 것이기 때문이다. 대담하고 위대한 업적에 대한 관료주의적 증오가 판을 치는 이 때, 우리는 더 이상 불굴의 정의에 대해 언급하지 말아야 한다. 국가는 일신(一身)의 안위를 뒤로 한 채 스스로에게 확신을 품고 모든 난관을 헤쳐 나가는 혁신적 인물들을 필요로 한다. 천재는 신중할 수 없다. 신중하다면 그는 결코 인류의 행동반경을 넓히지 못하리라. 페르디낭 드 레셉스는 승리의 달콤함과 절망의 쓰라림을 모두 맛보았다. 수에즈와 파나마가 그것이다. 여기, 심장은 성공의 윤리에 반기를 든다. 드 레셉스가 두 개의 바다를 잇는 데 성공했을 때는 왕자들도, 국가들도 모두 그에게 경의를 표했다. 코르디예라(Cordillera : 아메리카 대륙 서부 태평양 연안에 위치한 산맥들의 통칭 — **역주**)의 바위에 부딪혀 실패한 그는 이제 저속한 사기꾼에 지나지 않는다. 지금, 사회 계층 간에 전쟁이 벌어지고 있다. 불만에 찬 관료와 피고용자들이 형법을 이용하여 남보다 높은 위상에 오르고자 하는 이들에게 복수하는 것이다. 근대의 입법자들은 천재적 인간의 뛰어난 생각 앞에서 당황한다. 대중의 이해도는 더 낮다. 그러니 스탠리는 살인자이며, 레셉스는 사기꾼이라고 증명하는 일은 검사에게 식은 죽 먹기이다).

그러나 방금 제시된 다양한 예들은 매우 극단적인 형태를 띤다. 위엄의 심리학을 구체적으로 밝히기 위해서는 종교와 제국의 창시자부터 새로 산 옷이나 장신구로 이웃 사람들의 마음을 사로잡으려 하는 개인에 이르기까지 일련의 예들을 모두 살펴봐야 할 것이다.

이 연속선상에는 과학, 예술, 문학 등 한 문명의 다양한 구성 요소가 뿜어내는 모든 형태의 위엄이 자리 잡고 있을 것이며, 우리는 위엄이 설득의 근본 요소임을 알게 될 것이다. 의식적으로든 아니든 위엄을 발산하는 인간, 사상, 사물은 전염 기제를 통해 즉각적으로 모방되어 한 세대 전체에게 뭔가를 느끼는 방법과 생각을 표현하는 양식을 강요한다. 그런데 모방은 대체로 무의식적이고, 바로 그 사실이 모방을 더욱 완벽한 것으로 만든다. 근대의 화가들은 일부 원시인들의 뻣뻣한 기법과 흐릿한 색채를 재생산하면서도 그러한 영감을 어디서 얻었는지는 거의 자각하지 못한다. 그것이 스스로에게서 발현되었다고 믿지만, 만약 한 뛰어난 대가가 이러한 예술 형식을 소생시키지 않았다면 그들은 여전히 그 안에서 소박하고 열등한 측면만을 보았을 것이다. 또 다른 유행의 저명한 선도자를 따라 화폭을 온통 보랏빛으로 물들이는 이들은 자연 속에서 50년 전보다 더 많은 보랏빛을 보는 것이 아니다. 단지 그들은 그 기묘함에도 불구하고 대단한 위엄을 얻을 수 있었던 한 화가의 개인적이고 특이한 인상에 영향 받은 것이다. 문명을 이루는 모든 요소 안에서 이러한 예들은 쉽게 발견된다.

이처럼 수많은 요인들이 위엄의 기원을 형성함을 알 수 있다. 그 중에서도 가장 중요한 요소는 성공이다. 성공한 모든 인간, 영향력을 행사하는 모든 사상은 바로 그러한 사실 자체로 인해 반박의 여지에서 벗어난다. 위엄이 언제나 실패와 함께 사라진다는 점은 성공이 위엄의 토대를 이룬다는 증거다. 성공이 다할 때 위엄 또한 소멸한다. 전날 군중으로부터 열렬히 환영받던 영웅일지라도 만약 그 다음날 운명으로부터 버림받아 실패하게 되면 그 즉시 혹독한 군중의 야유 속으로 내동댕이쳐지고 만다. 강한 위엄이었을 수록 실패에 대한 반응은 더욱 격렬할 것이다. 군중은 몰락한 영웅을 자신과 동급으로 취급하며, 이제는 더 이상 인정할 수 없는 우월성 앞에서 머리를 조아렸던 데 대해 분풀이한다. 로베스피에르가 자신의 동료들을 비롯하여 수많은 동시대인들의 목을 잘랐을 때, 그는 엄청난 위엄을 지니고 있었다. 몇몇 사람들의 입장 변화로 순식간에 위엄을 잃은 그가 형장(刑場)으로 향할 때, 군중은 그리 오래지 않은 과거에 그의 희생자들에게 보인 것만큼의 저주를 퍼부었다. 신도들은 언제나 극도로 격분한 상태에서 섬겨오던 신의 동상을 부순다.

실패가 앗아간 위엄은 눈 깜짝할 사이에 사라진다. 한편, 논박됨으로써 서서히 그 힘을 잃어갈 수도 있는데, 이러한 방식은 느리긴 해도 그 효과만큼은 매우 확실하다. 논의의 대상이 되는 위엄은 더 이상 위엄이 아니다. 오랫동안 스스로의 위엄을 지킬 줄 알았던 신과 인간들은 결코 토론을 용납하지 않았다. 군중으로부터 숭앙받기 위해서는 언제나 그들과 거리를 두어야 한다.

4장
군중의
신념과 **여론**의
가변성의 **한계**

1. 고착된 신념

생물체의 해부학적 특성과 심리학적 특성 간에는 매우 긴밀한 대응관계가 존재한다. 해부학적 특성들 중에는 전혀 변하지 않거나 바꾸려면 지질시대만큼의 시간을 들여야 할 정도로 거의 변치 않는 것들이 있다. 그리고 이 확고부동한 특징들 곁에 환경적 조건이나 사육사 및 원예사의 기술로 쉽게 바꿀 수 있는 유동적 특징들이 있는데, 너무도 변화무쌍하여 세심한 주의를 기울이지 않는 관찰자에게는 그 본질적 성격이 보이지 않을 수도 있다.

정신적 영역에서도 이와 같은 현상이 발견된다. 한 민족 안에 고착된 심리적 요소들 곁엔 유동적이며 가변적인 요소들이 있다. 이러한 까닭에, 한 국민의 신념과 여론을 연구할 때면 언제나 바위를 뒤덮은 모래 알갱이만큼이나 쉽게 움직이는 생각들이 매우 견고한 토대 위에 접목되어 있음을 확인하게 된다.

그러므로 군중의 신념과 여론은 확연히 구분되는 두 층을 이룬다. 하나는 수 세기 동안 지속되는 반영구적 신념들로서 한 문명 전체가 그 위에 세워진다. 예를 들어 과거의 봉건주의 개념이나 기독교 사상, 종교개혁 사상, 그리고 오늘날의 민족자결주의, 민주주의, 사회주의 사상 등이 그것이다.

다른 하나는 일시적이며 가변적인 여론들로서 대개 일반적인 개념들에서 파생되며, 매 시대마다 새로이 나타나고 소멸한다. 이를테면 특정 시기 동안 예술과 문학을 이끄는 ― 즉 낭만주의, 자연주의, 신비주의 등을 생산한 ― 이론들이다. 대체로 이들은 유행만큼이나 피상적이며, 유행처럼 변한다. 깊은 호수의 표면 위에서 끊임없이 생겨나고 사라지는 작은 물결들과 같은 것이다.

위대한 보편적 신념은 극소수에 불과하며, 그것의 탄생과 소멸은 각 민족 역사의 절정을 이룬다. 이러한 보편적 신념은 문명의 진정한 뼈대이다.

군중의 정신 속에 잠깐 지나가는 여론을 형성하기는 매우 쉽지만, 거기에 오랜 시간 지속되는 신념을 확립하기는 무척이나 어렵다. 마찬가지로 한 번 뿌리내린 신념을 파괴하는 것 또한 그 만큼 힘든 일이다. 군중의 영혼 속에서 거의 송두리째 자신의 제국을 잃어버렸을 때에야 비로소 ― 대개는 폭력적인 혁명에 의해서만

— 신념은 바뀔 수 있다. 이 때 혁명은 이미 다 스러져가던 — 그러나 관습의 굴레 덕분에 완전히 내팽개쳐지지는 않은 채 버티고 있던 — 것을 확실하게 쓸어버리는 역할을 한다. 시작되는 혁명이란 대단원을 향해가는 신념인 것이다.

하나의 거대한 신념에 죽음의 낙인이 찍히는 날을 정확하게 알아차리기는 쉽다. 바로 그것의 가치가 논의되기 시작하는 날이다. 모든 보편적 신념은 허구에 지나지 않으며, 시험에 들지 않는다는 조건 하에서만 그 명맥을 유지할 수 있다.

그러나 하나의 신념이 심각하게 동요하는 순간에도 그것으로부터 유래한 제도들은 여전히 위력을 보존하면서 아주 서서히 사라져간다. 신념이 완벽하게 그 힘을 잃은 연후에야 비로소 그것이 지탱하던 모든 것은 무너져 내린다. 문명의 제반 요소들을 변화시키지 않고 신념을 바꾼 국민은 이제껏 없었다.

국가는 새로이 받아들여질 보편적 신조를 발견할 때까지 문명의 요소들을 변화시키며, 그러는 동안에는 어쩔 수 없이 무정부 상태에서 살아간다. 보편적 신조는 문명을 세우는 데 필요한 주춧돌로서 모든 사상의 방향성을 결정한다. 그것만이 신앙심을 불러일으키며, 의무감을 고취시킬 수 있다.

국민은 언제나 보편적 신념을 획득하는 것이 유용함을 느껴왔고, 그것의 소멸은 그들에게 퇴락의 시간을 알리는 것임을 본능적으로 이해했다. 로마의 광적인 종교는 로마인들을 세계의 주인으로 만든 신념이었으며, 이것이 사라졌을 때 로마 역시 파멸해야 했다. 로마 문명을 말살시킨 야만인들은 몇몇의 공통적 신조를 획득한 후에야 비로소 어느 정도 연대를 이루어 무질서로부터 빠져나올 수 있었다.

그러므로 각 나라의 국민들이 언제나 배타적으로 자신들의 믿음을 옹호하는 데에는 그럴 만한 이유가 있다. 철학적 관점에서 그토록 비난받아 마땅할 이런 비타협성은 한 국가의 생애에서 가장 필요한 미덕이다. 중세가 그렇게나 많은 화형대를 쌓아올렸던 것도, 또 그토록 많은 발명가와 개혁가들이 형벌을 면한 대신 절망 속에 죽어간 것도 결국 보편적 신념을 이룩하거나 보존하기 위해서였다. 그것을 지키기 위해 세계는 수없이 혼돈 속에 빠졌고, 수백만의 사람들이 전장에서 목숨을 잃었으며, 앞으로도 그렇게 죽어갈 것이다.

이미 언급한 바와 같이 하나의 보편적 신조를 세우는 데는 엄청난 어려움이 따르지만, 일단 확실히 성립되기만 하면 그것은 오랫동안 난공불락(難攻不落)의 힘을 지닌다. 또한 그 어떤 철학적 오류를 내포하든 간에 최고의 지성인들에게까지 영향을 미친다. 1500년이 넘는 시간 동안 유럽의 민족들은, 면밀히 검토해보면 몰록(Moloch, 아이를 제물로 바쳐 모시는 셈족의 신 ─ 역주)의 신화만큼이나 야만적인 종교적 전설들을 재론의 여지없는 진실로 간주하고 있지 않은가(주 ─ 여기서 야만적이란 철학적인 관점에서 그렇다는 것이다. 실제로 이 전설들은 완전히 새로운 문명을 창조하였으며, 오랫동안 인간으로 하여금 다시는 만나지 못할 꿈과 희망의 황홀한 천국을 어렴풋이나마 보게 하였다). 아들을 끔찍한 형벌에 처하게 함으로써 자신의 피조물 중 하나가 저지른 반역에 대해 앙갚음한 어느 신의 전설이 얼마나 소름끼치도록 어처구니없는 것인지, 오랜 세월 동안 눈에 띄지 않은 채 남아있었다.

갈릴레이, 뉴턴, 라이프니츠와 같은 위대한 천재들조차 이러한 교리들의 진리성이 논의될 수 있다고는 단 한 순간도 상상하지 않았다. 어느 것도 보편적 신념이 만들어내는 최면 작용을 이보다 더 잘 설명할 수는 없으며, 또한 그 무엇도 우리 정신력이 지니는 이 굴욕적인 한계를 더 잘 드러내지는 못할 것이다.

새로운 신조는 군중의 영혼에 뿌리내리는 즉시 그들의 제도와 예술과 행동 방식의 원동력이 된다. 그것이 군중의 정신에 행사하는 지배력은 가히 절대적이다. 행동가들이 구현하려 하는 것도, 입법자들이 적용하려 하는 것도, 철학자·예술가·문학가들이 다양한 형태로 표현하려 애쓰는 것도 바로 이 신조이다.

근본 신념으로부터 파생된 일시적이며 부수적인 사상들은 언제나 자신의 태생적 발원이 된 그 믿음의 흔적을 품고 있다. 이집트 문명, 중세 유럽 문명, 아랍의 이슬람 문명의 기원은 아주 적은 수의 종교적 신앙들인데, 이들은 각 문명의 제반 요소 위에 자취를 남김으로써 즉각 그 원류를 알아보는 것을 가능케 한다.

이렇듯 보편적 신념으로 말미암아 한 시대의 인간들은 그 누구도 빠져 나올 수 없는 전통과 여론과 관습의 그물에 둘러싸이게 되며, 언제나 서로 닮은꼴을 하게 된다. 인간을 이끄는 것은 다름 아닌 신조들, 그리고 거기서 파생된 관습들이다.

이들은 인간의 최소한의 행위까지도 조종하는데, 가장 독립적인 사람조차도 그것을 피하려 하지 않는다. 무의식적으로 정신을 지배하는 것보다 더한 폭정은 없으리라. 왜냐하면 그것은 대적할 수 없는 유일한 절대 권력이기 때문이다. 티베리우스, 칭기즈 칸, 나폴레옹은 모두 가공할 전제 군주들이었지만 모세, 부처, 예수, 마호메트, 루터는 무덤 속에서 민중의 영혼 위에 군림하며 훨씬 더 강한 독재 권력을 행사했다.

모반(謀反)은 폭군을 쓰러뜨릴 수 있지만 확고하게 성립된 신념에 대해서는 뭘 할 수 있겠는가? 다수의 표면적 동의, 종교재판만큼이나 냉혹한 파괴 조치들에도 불구하고 기독교주의를 물리치기 위한 폭력 투쟁에서 오히려 무릎을 꿇은 쪽은 우리의 위대한 프랑스 혁명이었다. 인류가 경험한 진정한 폭군들은 항시 죽은 이들의 그림자이거나 인간 스스로 만들어낸 환상들이었다.

보편적 신념이 지니는 철학적 부조리는 누차 말하건대 결코 그것의 승리를 방해하는 요소가 아니다. 오히려 어떤 신비한 부조리를 포함하고 있을 때에만 승리가 가능한 것처럼 보이기도 한다. 그러므로 현존 사회주의 신조의 명백한 약점도 그것이 군중의 영혼 속에 뿌리내리는 데 방해가 되지는 않을 것이다. 단지 다른 모든 종교적 신앙들과 비교했을 때 사회주의 신조가 지니는 진실로 열등한 부분이 있다면 오직 다음과 같은 점이다.

"이제껏 종교가 약속했던 행복의 이상은 오직 내세에서만 구현

될 수 있는 것으로서, 아무도 그것의 구현에 이의를 제기할 수 없었다. 반면, 사회주의적 행복의 이상은 현세에서 이루어지게 되어 있어서 그것의 실현을 위한 첫 번째 시도는 즉각 그 약속들의 허황함을 드러낼 것이다. 그 순간 이 새로운 신조의 위엄은 송두리째 사라지리라. 따라서 사회주의 사상의 힘은 군중의 영혼을 사로잡은 후 실질적인 실현이 시작되는 날까지만 자라날 수 있을 것이다. 이런 까닭에, 이 새로운 종교는 앞선 다른 종교들이 그러했듯 우선 파괴적인 행동을 취할 수는 있을지라도 곧이어 창조자의 역할까지 해내지는 못하리라."

2. 유동적 여론

이상에서 논한 강력한 고정적 신념들 위에는 꾸준히 생성되고 소멸하는 여론, 관념, 사상으로 이루어진 층이 존재한다. 이 중 어떤 것들은 하루 만에 사라지기도 하며, 아무리 비중 있는 것이라도 한 세대를 연명하지 못한다. 앞서 논했듯이 때때로 이러한 여론의 변화는 깊이를 지니지 못한 표면적 현상에 불과하지만, 언제나 민족성을 드러낸다. 이를테면 프랑스의 정치 체제를 살펴보면서 겉으로는 전혀 달라 보이는 당파들 ─ 왕정파, 급진파, 황제파, 사회주의자 등 ─ 이 완전히 똑같은 이상을 품고 있음을 알 수 있었다. 이 이상은 오직 우리 민족의 정신 구조에 기반을 둔 것인데, 왜냐하면 다른 민족들이 내세우는 비슷한 이름의 이상들은 본질적으로 그 내용이 전혀 다르기 때문이다.

어떤 견해들에 붙여지는 명칭이나 눈속임에 지나지 않는 개조(改造)가 사물의 근본을 바꾸지는 않는다. 라틴 문학의 영향을 받고 로마 공화국에 애착을 보이던 프랑스 혁명의 부르주아들은 로마식 법률, 속간(도끼 둘레에 채찍을 다발로 엮은 것으로 로마 집정관의 권위의 상징 — 역주), 토가(고대 로마 시대의 길고 펑퍼짐한 옷 — 역주)를 수용하면서 그들의 제도와 본보기들을 모방하려 애썼지만 로마인이 되지는 못했다. 강력한 역사적 암시의 지배하에 있었기 때문이다.

철학자의 역할은 겉으로 드러나는 변화의 이면에 굳건히 명맥을 유지하고 있는 오랜 신조들을 찾아내고, 끊임없이 물결치는 여론의 흐름 속에서 민족혼과 보편적 신념에 의해 야기된 움직임들을 구분해내는 일이다.

이러한 철학적 표지(標識)가 없다면 우리는 군중이 정치적 혹은 종교적 신념을 의지에 따라 아무 때나 바꾼다고 생각할 수도 있을 것이다. 정치, 종교, 예술, 문학을 통틀어 역사 전체가 그것을 입증하는 것처럼 보인다.

프랑스 역사에서 아주 짧은 시기인 1790년에서 1820년까지의 30년, 즉 한 세대를 예로 들어보자. 우리는 여기서 처음엔 왕정주의자였다가 혁명주의자로 변하고 다시 제정주의를 옹호하다가 결국 왕정주의로 되돌아간 군중을 본다. 종교적으로도 그들은 같은 시기에 가톨릭, 무신론, 이신교(理神敎)를 거쳐 다시 가장 극단적인 형태의 가톨릭으로 되돌아갔다. 군중뿐 아니라 그들을 선동하는 이들도 마찬가지였다. 왕들에게 불구대천의 원수이며 신도, 주인도 거부하던 저 대단한 국민공회 의원들이 하루아침에 나폴레옹의 충복이 되더니, 나중에는 루이 18세 하의 예배 행렬에서 경건하게 촛대를 들던 모습에 우리는 경악하지 않을 수 없다.

그 이후 70년 동안 군중의 여론에는 어떤 변화가 있었나? 19세기 초의 '믿을 수 없는 알비용(La Perfide Albion, 프랑스인들이 영국을 경멸하여 이르는 말로 '신의 없는', '불성실한', '배신자' 등을 뜻하는 프랑스어 'perfide' 와 영국의 옛 이름 'Albion' 을 합성한 것. 1793년 크시므네즈(히메네스) 후작 (Marquis de Ximenez, 1726-1817)의 시에서 처음 사용된 후 대중적으로 널리 유행함 — 역주)' 은 나폴레옹의 후계자가 왕위에 올랐을 때 프랑스의 동맹국이 되었으며, 우리에 의해 두 번이나 침략 당하고 우리의 패배에 쾌재를 부르던 러시아는 느닷없이 우방국으로 간주되었다.

문학, 예술, 철학에서는 여론의 연속적 진화가 더욱 빠르게 나타난다. 낭만주의, 자연주의, 신비주의 등이 차례로 생겨나고 사라진다. 어제 환대받던 예술가와 작가가 내일이면 철저히 무시당한다.

그러나 외관상 이토록 심도 있어 보이는 변화들을 분석하면서 우리가 발견하는 것은 무엇인가? 민족감정과 보편적 신념을 거스르는 모든 것은 단명하며, 잠시 우회하던 강물은 곧 제 방향을 되찾는다. 또, 그 어떤 보편적 신념이나 민족감정과도 결부되어 있지 않은 — 따라서 안정성이 없는 — 여론은 모든 우연에 좌우되어 아주 작은 환경 및 상황적 변화에도 흔들린다. 암시와 전염 기제에 의해 형성된 여론은 늘 찰나적이어서 때론 바람이 만들어 놓은 바닷가 모래 언덕 만큼이나 빠르게 일었다가 사그라진다.

오늘날 유동적인 여론의 총합은 그 어느 때보다도 크며, 여기에는 세 가지 이유가 있다.

첫째, 기존의 신념들이 점차 그 세력을 잃어가면서 과거와는 달리 일시적 여론들에 어떤 특정한 방향성을 제시하지 못하고 있다. 보편적 신조는 소멸하고, 과거도 미래도 없이 어쩌다 생겨난 여론들이 그 자리를 차지한다.

둘째, 군중의 힘이 점점 더 커지는 반면 견제 세력은 점차 약화되면서 군중 사상의 극단적 유동성이 자유롭게 표출될 수 있다.

셋째, 부단히 군중의 눈앞에 상반되는 견해들을 내놓는 언론이 최근 확산되고 있다. 한 신문이 야기한 암시들이 얼마 지나지 않아 그에 반하는 암시들에 의해 파괴된다. 그 결과 각각의 견해들은 전파되지 못하며 매우 일시적인 존재가 될 운명에 처한다. 보편화하기 위해 충분할 정도로 널리 퍼지기도 전에 사멸하고 마는 것이다.

이러한 다양한 요인들이 인류 역사상 매우 새로운 ─ 온전히 이 시대의 특성이라 할 만한 ─ 현상을 낳았다. 정부가 더 이상 여론을 지휘하지 못할 만큼 무력해진 것이다.

전에는 ─ 그리 오랜 옛날도 아니지만 ─ 정부의 지배력, 몇몇 저술가들의 영향력, 그리고 아주 적은 수의 신문들이 여론의 진정한 조종자 노릇을 했다. 오늘날 작가들은 영향력을 전부 잃었으며, 신문은 그저 여론을 반영할 뿐이다. 정치인들은 여론을 선도하기는커녕 그것을 따르기에 급급하다. 여론에 대한 그들의 불안감은 때때로 공포감으로 증폭되고, 그들의 행동지침을 흐트러뜨린다.

따라서 군중의 여론은 점점 더 정치의 최고 계시자가 되어가고 있다. 거의 전적으로 민중운동의 소산이라 할 수 있는 최근의 프랑스-러시아 동맹에서 보았듯이 이제 여론은 국가 간 동맹관계까지 강제하기에 이르렀다. 오늘날 교황, 왕, 황제들이 어떤 주어진 문제에 관한 자신들의 견해를 군중의 판단에 맡기기 위해 하나같이 인터뷰라는 절차에 순순히 응하는 것은 매우 기이한 징후이다. 과거엔, 정치는 감정상의 문제가 아니라고 말할 수 있었다. 그러나 이성은 모르는 채 감정만을 따르는 유동적 군중의 충동에 의해 점점 더 심하게 좌우되는 오늘날의 정치에 대해서도 여전히 그런 표현이 가능할까.

과거 여론의 선도자였던 언론 역시 정부와 마찬가지로 군중의 권력 앞에서 고개 숙여야 했다. 물론 여전히 등한시할 수 없는 힘을 지니고 있는 것은 사실이지만 이는 단지 군중의 여론과 그것의 끊임없는 변화를 반영하기 때문이다. 단순한 정보 대리점이 된 언론은 그 어떤 사상도, 교리도 제시하기를 포기하였다. 독자를 빼앗길지 모른다는 경쟁 심리는 언론으로 하여금 쉼 없이 여론의 동향을 좇기를 종용한다. 장중하고 영향력을 갖춘 ─ 이전

세대가 고견(高見)을 경청하던 — 신문들은 사라지거나 흥미 위주의 시평, 세속적 쑥덕공론, 금융 광고 등으로 채워진 정보지로 전락했다.

요즈음, 기자들에게 개인적인 견해를 피력하는 것을 허용할 만큼 막강한 신문이 어디에 있는가? 또 정보나 재미만을 얻으려 하고, 모든 주장마다 억측일지 모른다고 의심하는 독자들이 이러한 견해에 얼마만큼이나 무게를 실어 주겠는가? 비평은 더 이상 한 권의 책이나 한 편의 연극을 세상에 알릴 만한 힘도 갖고 있지 못하다. 해를 끼칠지언정 도움이 되지는 않는다. 비평이나 사적인 견해가 얼마나 무용한 것인지 너무도 잘 아는 신문들은 서서히 문학 비평란을 삭제했고, 책의 제목 밑에 두어 줄의 소개글을 싣는 것에 만족하고 있다. 20년쯤 후엔 아마도 연극 비평 역시 마찬가지가 될 것이다.

여론을 분석하는 것은 오늘날 언론과 정부의 가장 큰 관심사가 되었다. 하나의 사건, 법안, 연설 등이 어떤 효과를 낳았는가. 이것이 바로 그들이 지속적으로 알아내야만 하는 것이다. 그러나 이는 쉬운 일이 아니다. 군중의 생각보다 더 유동적이고, 더 쉽게 변화하는 것이 없기 때문이다. 전날까지도 박수갈채를 보내던 대상에게 격렬한 비난을 퍼붓는 군중의 모습보다 더 흔한 광경은 없다.

여론 선도 기제의 절대적 부재와 보편적 신조의 붕괴는 급기야 사회의 모든 신념이 산산이 부서지는 것과 더불어 즉각적 이익을 가져다주지 않는 것들에 대해 군중이 개인만큼이나 냉담해지는 결과를 초래했다. 사회주의와 같은 교리 문제에 있어서도 실제로 확신에 넘치는 옹호자는 오직 완벽하게 무지한 계층 ― 이를테면 광산이나 공장의 노동자들 ― 중에서 모집된다. 소자본가 계급이나 조금이라도 교육을 받은 노동자들은 심각한 회의주의자가 되었거나 그렇지 않을 경우에도 자신들의 의견에 무척이나 불안정하고 미온적인 태도를 취한다.

이렇듯, 지난 30년간 일어난 변화는 놀랄 만하다. 별로 오래지 않은 과거에만 해도 여론은 어떤 근본 신념을 채택함으로써 파생되었으며, 여전히 일반적인 방향성을 지니고 있었다. 왕정주의자라는 사실은 어떤 이로 하여금 필연적으로 역사에서나 과학에서나 매우 단호하며 일관적인 생각들을 품게 했다. 공화주의자라는 이유만으로 또 다른 어떤 이는 모든 분야에서 전혀 다른 견해들을 내세웠다.

왕정주의자들은 인간이 원숭이의 후손이 아니라는 사실을 분명히 알고 있었으며, 공화주의자들도 역시 그만큼이나 명확하게 인간은 원숭이로부터 진화했음을 알고 있었다. 왕정주의자는 혐오감을 느끼면서, 공화주의자는 경의를 품고서 프랑스 혁명에 대해 말했다. 로베스피에르, 마라 등의 이름을 거론할 때는 경건한 숭배자의 얼굴이어야 했으며, 시저나 아우구스투스, 나폴레옹의 이름을 입에 올릴 땐 항상 욕설을 곁들여야 했다.

소르본 대학에서조차 역사를 인식하는 이러한 순진한 방식이 일반적이었다(주 ― 우리나라 대학 교수들의 저서 중 이런 관점에서 매우 기묘한 몇몇 부분은 대학 교육이 우리의 비판 정신을 거의 발달시키지 못했다는 사실을 보여준다. 소르본 대학의 역사학 교수였고, 교육부 장관을 지낸 랑보(Alfred Nicolas Rambaud, 1842~1905)의 〈프랑스 혁명〉 중 몇 구절을 예로 들겠다. "바스티유 감옥 습격은 비단 프랑스뿐 아니라 유럽 전체의 역사에서 절정을 이루는 사건이다. 그것은 인류 역사의 새로운 시대를 열었다." 한편 로베스피에르에 대해서는 다음과 같이 기술함으로써 우리를 경악케 한다. "그의 독재는 무엇보다도 의견과 설득과 도덕적 권위에 의한 것이었으며, 한 고결한 인간에게 주어진 교황의 직위와도 같은 것이었다.(pp .91 et 220.)").

오늘날, 토론과 분석 앞에서 모든 여론은 위엄을 상실한다. 그것의 변별적 특징은 빠르게 닳아 없어지며, 우리를 열광케 할 만한 것은 거의 살아남지 못한다. 근대적 인간은 점점 더 무관심에 점령당한다.

이렇듯 여론이 전반적으로 쇠퇴한다고 해도 너무 안타까워하지는 말자. 이것이 비록 한 민족이 퇴락의 시기로 들어서는 징후라 할지라도 그것을 막을 도리는 없다.

선지자, 전도사, 선동가뿐만 아니라 한 마디로 신념가들에게는 부정적인 사람이나 비판론자, 그리고 무관심한 사람들에게서 발견할 수 없는 또 다른 힘이 있음은 분명하다. 만약에 엄청난 힘을 발산하는 오늘날의 군중으로부터 권위를 인정받을 수 있을 정도로 충분한 위엄을 지닌 여론이 단 하나라도 형성된다면, 그것은 곧 절대적인 권력을 얻게 될 것이고, 그 앞에서 모두가 무릎을 꿇을 것이며, 자유로운 토론의 시대는 막을 내려 앞으로 오랫동안 다시 열리지 않을 것이다.

때때로 군중은 그 옛날 엘라가발루스와 티베리우스가 기분 내키면 가끔씩 그러했듯 태평스런 주인이기도 하지만, 또한 난폭하게 변덕을 부리기도 한다. 군중의 손 안으로 떨어지는 순간 문명은 오래 지속되기에는 너무나 많은 우연들에 맡겨지게 된다. 만약 뭔가가 붕괴의 순간을 늦출 수 있다면 그것은 바로 여론의 극단적 유동성, 그리고 모든 보편적 신념들에 대해 늘어만 가는 군중의 무관심일 것이다.

제3부

군중의 다양한 범주
: 그 분류와 설명

평등의 시대에는 인간들이 서로 닮았기 때문에 서로에 대해
그 어떤 믿음도 갖고 있지 않다. 그러나 바로 이 유사성으로 말미암아
그들은 공공의 판단에 대해서 만큼은 거의 무제한적 신뢰를 보낸다.
왜냐하면 모두의 지혜로움이 동등할진대 진리가 다수의 편에
서지 않는다는 것은 불가능한 일처럼 보이기 때문이다.

1장
군중의
분류

지금까지 심리적 군중의 보편적 특징을 살펴보았다. 이제 집합체의 다양한 범주에 따라 다르게 나타나는 개별적 특성에 관해 알아보도록 하겠다. 우선 간략하게 군중을 분류해 보자. 단순한 무리를 출발점으로 삼을 것이다.

여러 민족으로 뒤섞인 무리는 가장 열등한 형태를 이룬다. 그들이 공유하는 것은 오직 하나, 그럭저럭 존중되는 수장의 의지뿐이다. 이러한 무리들의 예로 수 세기 동안 로마 제국을 침략한 각양각색의 야만인들을 들 수 있다.

다양한 종족으로 구성된 무리들 위에 특정 요인들의 영향 하에서 공통된 성질을 얻고 결국 하나의 민족을 이루게 되는 집단들이 존재한다. 경우에 따라 이러한 집단들은 군중적 특징을 보일 수 있지만, 이 역시 어느 정도는 민족성에 의해 지배될 것이다.

이 두 범주의 무리들은 앞서 논한 요인들의 영향 하에서, 조직된 혹은 심리적 군중으로 변이될 수 있다. 조직된 군중은 다음과 같이 분류된다.

A. 비균질적 군중	1. 익명(匿名, Anonyme) (예 ; 거리의 군중) 2. 비익명(非匿名, Non-anonyme) (예; 배심원단, 의회 등)
B. 균질적 군중	1. 파당(派黨, Secte) (예; 당파(黨派), 종파(宗派) 등) 2. 카스트 (Caste) (예; 군인 집단, 사제 집단, 노동자 집단 등) 3. 계급(Classe) (예; 부르주아 계급, 농민 계급 등)

이 다양한 군중 범주의 차별적 특성을 간단히 정리해보자.

1. 비균질적 군중

비균질적 군중은 직업이나 지적 수준과 상관없이 불특정 개인들로 이루어진 집합체로서 그 특성은 이미 살펴본 바와 같다.

군중을 형성한 인간들의 집단 심리는 그들 각자의 개인 심리와는 본질적으로 다르며, 지성도 이러한 분리를 막지 못함을 증명하였다. 집합체 안에서 지성은 아무런 역할도 하지 않으며, 오로지 무의식적 감정만이 살아 움직일 수 있다.

민족은 근본 요소 중 하나로서, 다양한 비균질적 군중 범주의 심도 있는 구분을 가능케 한다.

우리는 이미 여러 차례 민족의 역할에 대해 말하였으며, 인간의 행위를 결정할 수 있는 요인 중 가장 강력한 것이 바로 민족성임을 확인하였다. 군중의 특성에서도 민족성이 드러난다. 예를 들어, 전부 영국인이거나 중국인, 즉 동일 민족의 불특정 개인들로 구성된 군중은 러시아인, 프랑스인, 스페인인들로 이루어진 — 역시 불특정 개인들의 집합체라 하더라도 여러 민족이 섞여 있는 — 군중과는 전혀 다를 것이다.

인간이 느끼고 사고하는 방식에 있어서 유전적 정신 구조가 만들어내는 현격한 차이는 어떤 정황적 조건들에 의해 — 이런 상황이 흔치는 않지만 — 한 군중 속에 엄연히 국적이 다른 개인들이 비슷한 비율로 섞이게 되는 즉시 명백히 드러난다. 비록 그들을 끌어 모은 요인이 겉보기에는 유사할지라도 말이다. 국가별 노동 인구의 대표들을 대규모 회의장 안에서 통합시키려 했던 사회주의자들의 시도는 늘 가장 격한 반목으로 끝났다. 혁명적이든, 보수적이든 라틴족 군중이라면 언제나 자신들의 요구를 관철하기 위해 어김없이 국가의 중재를 호소할 것이다. 그들은 항상 중앙집권적 통치를 지향하고, 은근히 독재 체제를 선호한다. 반면, 영국이나 미국의 군중은 국가를 경시하며 오직 민간의 결정에 따른다. 프랑스 군중은 무엇보다도 평등에, 영국 군중은 자유에 비중을 둔다. 거의 국가 수만큼이나 다양한 사회주의 혹은 민주주의 형태가 존재하는 이유는 바로 이러한 민족들 간의 차이이다.

따라서 민족혼은 전적으로 군중 정신을 지배하며, 동요를 제어하는 강력한 토대이다. 민족성이 강할수록 군중의 특성은 눈에 덜 띈다. 이것이 근본 법칙이다. 군중의 상태와 군중의 지배는 야만 인의 상태 혹은 야만으로의 회귀를 뜻한다. 견고하게 조직된 영혼 을 획득함으로써 민족은 점점 군중의 몰지각한 위력에서 벗어나 야만으로부터 빠져 나오게 된다.

민족이란 요소를 제외하면 비균질적 군중을 분류함에 있어서 유일하게 중요한 척도는 그들의 익명성 여부이다. 즉 그들은 거리 의 사람들과 같은 익명의 군중과, 심의회나 배심원단과 같은 비익 명의 군중으로 나뉜다. 첫 번째 집단에서는 나타나지 않지만, 두 번째 집단에서는 매우 강하게 발현되는 책임 의식은 그들의 행위 에 매우 다른 방향성을 부여한다.

2. 균질적 군중

균질적 군중은 파당(派黨), 카스트(Caste), 계급 을 포함한다. 그 가운데 첫 번째 단계를 표상하는 파당은 교육, 직 업, 계층이 매우 다른 사람들의 집단으로서, 그들을 연결하는 단 하나의 고리는 바로 동일한 신념이다. 이를테면 종파(宗派), 당파 (黨派) 등이 이 부류에 속한다.

카스트는 균질적 군중 조직의 가장 높은 위치를 차지한다. 파당 이 직업, 교육, 계층적 배경은 다양하되 오직 신념만으로 뭉쳐진 군중인 반면, 카스트는 동일한 직업을 지닌 ― 그리하여 교육의 정도나 계층 역시 거의 유사한 ― 개인들로 이루어진 군중이다.

군인 집단, 사제 집단 등이 그것이다.

계급은 태생은 다양하지만 특정 이해관계 또는 생활 습관, 그리고 교육 수준이 매우 유사한 개인들이 모여 이루어진 것으로서, 파당의 구성원들처럼 신념으로 엮인 집단도 아니고, 카스트의 성원들처럼 동일한 직업 집단도 아니다. 이를 테면, 부르주아 계급이나 농민 계급 등이 있다.

이 책에서는 비균질적 군중만을 다루고 있으므로, 균질적 군중(파당, 카스트, 계급)에 대해서는 다음 기회에 논하도록 하겠다. 따라서 이들의 특성에 주의를 기울이지는 않을 것이며, 이제 표본으로 선택된 몇몇 비균질적 군중에 대해서만 살펴보겠다.

2장

범죄자라
일컬어지는
군중

　어느 정도의 흥분기를 거친 후 그저 암시에 의해 조종되는 무의식적 꼭두각시 상태로 전락한 군중을 범죄자로 치부하는 것은 아무래도 어려울 듯하다. 그럼에도 불구하고 내가 이 잘못된 수식어를 그대로 사용하는 까닭은 단지 최근의 심리학 연구들이 이 표현을 인정했기 때문이다. 물론 군중의 어떤 행위들은 그것 자체만을 놓고 볼 때 분명 범죄적이긴 하다. 그러나 이것은 힌두 사람 하나를 잡아 새끼들에게 던져준 뒤 잘게 물어뜯으며 갖고 놀도록 내버려두다가 삼켜버리는 호랑이의 행위와 같은 것이다.

　군중의 범죄는 대개 강력한 암시를 동력으로 삼고 있어 그것에 참여한 개인은 곧 자신이 의무에 복종했다고 확신하게 된다. 이는 일반적인 범죄 행위와는 전혀 다른 것이다. 군중에 의해 저질러진 범죄의 역사는 이를 명백히 드러낸다.

전형적인 예로, 바스티유 감옥의 간수장이었던 드 로네(Bernard-René Jordan de Launay, 1740-1789)의 살해 사건을 들 수 있다. 감옥으로 사용되던 성채의 함락 직후, 그는 흥분한 군중에 둘러싸여 사방에서 걷어차이고 있었다. 사람들은 그를 목매달자고, 머리를 잘라버리자고, 혹은 말의 꼬리에 묶어버리자고 제안했다. 저항하던 그는 부주의로 그만 옆에 있던 남자를 발로 차고 말았다. 그 때 누군가, 그에게 발길질당한 사람의 손으로 그의 목을 벨 것을 제안했고, 이는 열렬한 환호와 함께 순식간에 군중에게 받아들여졌다.

무슨 일이 벌어지나 구경이나 해볼 양으로 바스티유에 갔던 별볼일 없는 이 요리사는 대다수의 의견이 그러했으므로 그 행위가 애국적인 것이라 판단했고, 심지어는 괴물 하나를 해치우는 공을 세우는 것이니 훈장을 받아 마땅하다고 믿었다. 사람들이 건네준 장검으로 간수장의 목을 내리쳤으나 제대로 날이 서지 않은 장검이 말을 듣지 않았다. 그는 자신의 주머니에서 검은 손잡이의 작은 식칼을 꺼내 (역시 고기를 다룰 줄 아는 요리사답게) 거뜬히 일을 완수했다.

앞서 언급했던 메커니즘이 여기서 분명히 확인된다. 집단적이기에 더욱 강력한 힘을 발휘하는 암시에 복종하면서 그 살인자는 자신이 칭송받을 만한 행위를 했다고 믿었다. 동향인들의 전폭적인 지지 속에서 이렇게 확신하는 것은 자연스런 일이었다. 이러한 행위는 법적으로는 범죄일 수 있지만, 심리학적으로는 그렇지 않다.

범죄자라 일컬어지는 군중의 일반적 특징은 모든 군중들에게서 발견되는 바로 그 특성들이다 : 피암시성, 맹신, 유동성, 좋고 나쁜 감정들의 과장, 특정 형태의 도덕성의 발현 등.

우리 역사 속에 가장 끔찍한 기억 중 하나를 남겨 놓은 군중에게서 이 모든 특징들을 발견하게 될 것이다. 바로 9월 학살(Les massacres de Septembre, 프랑스 혁명기인 1792년 9월 파리에서 반혁명 용의자들이 대량 학살된 사건 — 역주)의 장본인들이다. 한편, 그들은 많은 점에서 생-바르텔르미 사건의 군중과 흡사하다. 시간의 기억들을 깊이 파헤친 텐의 저술에서 사건의 구체적인 부분들을 차용하겠다.

죄수들을 무참히 살해하면서 감옥을 비우라고 명령한, 혹은 제안한 사람이 누구인지 우리는 정확히 알지 못한다. 당통이든 — 그럴 개연성이 있어 보이기에 하는 말이지만 — 아니면 전혀 다른 사람이든 중요치 않다. 우리의 관심을 끄는 것은 오로지 학살을 전담했던 군중이 받아들인 강력한 암시 그 자체이다.

약 300명 정도의 사람들로 구성된 학살자 집단은 비균질적 군중의 완벽한 전형을 이루고 있었다. 극소수의 전업 깡패들을 제외하고는 대개 상점 주인들이거나 신발장이, 철공소 주인, 가발업자, 벽돌공 등 수공업자들, 점원들, 심부름꾼들이었다. 흡수된 암시의 영향 하에서 그들은 앞서 예로든 요리사처럼 자신들이 애국적 의

무를 다하는 것이라 굳게 믿고 있었다. 판사와 망나니라는 두 가지 역할을 수행하면서 그 어떤 순간에도 스스로를 범죄자로 여기지는 않았다.

　중요한 임무를 띠고 있다는 생각에 자아도취된 그들은 일종의 법정을 만드는 것부터 시작했다. 여기서 군중의 단순한 의식과 공평의 원칙이 즉각 드러난다. 피고인의 수효가 엄청났기 때문에 그들은 우선 귀족, 성직자, 장교, 왕의 신하들 — 다시 말해 오직 직업 때문에 선량한 애국자의 눈에 죄인으로 보이게 된 사람들 — 부터 특별한 재판을 거치지 않고 죽이기로 결정한다. 그 외 사람들은 용모나 평판에 따라 심사할 것이다. 이런 식으로 초보적 양심을 충족시킨 군중은 합법적으로 학살을 자행하면서 집합체들에 의해 언제라도 높은 수준까지 고양될 수 있는 — 앞서 그 기원을 설명했던 — 흉포한 본성을 자유로이 발산한다. 그렇다고 해서 그들이 이와는 상반되는 감정들 — 이를테면 잔혹성만큼이나 극단적인 감수성 등 — 을 동시에 드러내는 일을 삼가지는 않을 것이다. 이는 군중에게 있어 당연한 이치이다.

　"그들에겐 파리 노동자 본연의 넘치는 동정심과 민첩한 감각이 있다. 아베이 감옥(prison de l'Abbaye)에서 죄수들이 26시간 동안 식수를 공급받지 못하고 방치되었다는 사실을 알게 된 한 연맹원이 직무를 게을리 한 간수를 반드시 죽이기를 원했고, 결국 죄수들의 요청이 없었음에도 그를 살해했다. (그들의 임시 법정에서) 어떤 죄수에게 무죄가 선고되면 수위도 살인자도 너나할 것 없이 모두 열렬히 그를 껴안으며 우레와 같은 박수갈채를 보내고는" 다시 수많은 사람들을 죽이기 위해 돌아갔다. 학살 기간 내내 유쾌하고 명랑한 기운이 지배적 정서를 이뤘다. 모두가 시체들을 에워싼 채 춤추고 노래했으며, 귀족들을 죽이는 것을 보며 즐기는 '부인들'을 위해 긴 의자까지 비치해 두었다. 그들은 계속해서 특이한 형평의 논리를 증명해보였다. 먼 곳에 자리 잡은 여성들이 장관(壯觀)을 제대로 구경하지 못하고 일부 참석자들만이 귀족을 때리는 기쁨을 누리는 것에 대해 누군가 불만을 표하자 다들 이 의견에 수긍했다. 결국 고통의 시간을 늘리기 위해 장검의 등(刀背)으로 '죄인'을 내려칠 것이 결정되었고, 희생자는 아주 천천히 도살자들의 행렬 사이로 지나가야 했다. 마침내 그는 완전히 벌거벗겨진 채 반 시간 동안 갈기갈기 찢겼다. 모든 사람들이 그 광경을 만끽했을 때 그의 배를 가르는 것으로 형벌은 끝났다.

그런데 다른 측면에서 보면 학살자들은 매우 양심적이며 앞서 지적한 군중의 도덕성을 그대로 드러낸다. 그들은 희생자의 돈이나 보석을 가로채기를 거부하면서 위원회의 탁자 위에 고스란히 가져다 놓았다. 그들의 모든 행위에서 우리는 항상 이러한 초보적 형태의 사유와 군중 정신의 특성을 발견할 수 있다. 1,200명에서 1,500명에 이르는 국가의 적을 처단한 후, 누군가 "늙은 비렁뱅이, 떠돌이, 소년범들을 수용하고 있는 다른 감옥들도 실은 쓸모없는 식충이들을 가두고 있을 뿐이므로 없애버리는 게 낫겠다"는 의견을 냈을 때, 즉각 그 제안이 받아들여진 것도 같은 맥락이었다. 더구나 수감자 중엔 민족의 원수들도 있었다. 어느 독살자의 과부 드라뤼(Delarue) 부인이 그런 경우였다. "그녀는 감옥에 갇힌 것에 화가 나 있을 것이다. 가능하기만 하다면 그녀는 파리에 불을 지를 수도 있다. 그렇게 말했음에 틀림없다. 그렇게 말했다. 자, 한 번 더 쓸어버리자." 근거는 명확한 듯 보였다. 모두가 순식간에 학살당했는데, 그 중엔 열두 살에서 열일곱 살까지의 어린애들 50명 정도가 포함되어 있었다. 이들 역시 국가의 적으로 자라날 수 있었기 때문에 일찌감치 제거될 이유는 충분했다.

일주일이 지나자 모든 과업은 달성되었고, 학살자들은 휴식을 고려할 수 있었다. 조국을 위해 뭔가를 했다고 굳게 믿었던 그들은 그 대가를 청원하기 위해 권력자들을 찾아갔으며, 가장 열성적이었던 사람들은 심지어 훈장까지 요구했다.

1871년 파리 코뮌의 역사도 이와 유사한 많은 사건들을 제공한다. 군중의 영향력이 점점 커지고, 통치자들이 연이어 그들 앞에 항복하는 것을 보아하니 아마 우리는 앞으로도 이와 같은 일들을 적잖이 겪게 될 듯하다.

3장

중죄재판소의
배심원들

여기서 모든 종류의 배심원들을 다 연구할 수는 없으므로 그 중에서 가장 중요한 중죄재판소의 배심원들을 살펴보도록 하겠다. 이들은 익명이 아닌 비균질적 군중의 훌륭한 예로서 피암시성, 무의식적 감정의 우세, 빈약한 사유 능력, 선동자들의 영향력과 같은 특성을 모두 지닌다. 이들을 연구하면서 우리는 집단 심리에 문외한인 사람들이 저지를 수 있는 오류의 몇몇 흥미로운 표본들을 관찰할 기회를 갖게 될 것이다.

무엇보다 먼저 배심원들은 어떤 결단을 내리는 데 있어서 한 군중을 이루는 개인들의 지적 수준이 얼마나 미약한 부분을 차지하는가를 드러내는 증거를 제공한다. 온전히 기술적인 성격을 띠지 않는 문제에 관해 심의회가 의견을 내놓아야 할 때 지성은 아무런 역할도 하지 않음을 우리는 알고 있다. 일반적인 주제를 둘러싸고 식자들, 혹은 예술가들의 회합에서 내린 결정은 벽돌공이나 식료 품상들의 모임에서 내놓은 의견과 별반 다르지 않은데, 그들이 모여 있다는 사실 자체가 이런 결과를 초래한다. 각 시대마다 배심원단을 구성할 인물들은 행정기관에 의해 꼼꼼히 가려졌고, 주로 교수, 공무원, 학자 등 지식인층에서 모집되었다. 오늘날의 배심원단은 대개 소상인, 소규모 업소의 주인들, 피고용자들로 이루어진다. 그런데, 그 분야의 전문가들이 놀랄 정도로 배심원단의 구성에 관계없이 그들의 결정은 통계적으로 동일하다. 배심원 제도에 비우호적인 재판관들조차도 이러한 주장의 타당성을 인정해야 했다. 과거 중죄재판소장을 지낸 베라르 데 글라죄(Bérard des Glajeux)는 자신의 회상록에서 다음과 같이 기술하며 이 점에 대한 의견을 피력했다.

"오늘날, 배심원단의 선택은 사실상 지역 의회 의원들의 손에 달려 있다. 그들 자신의 상황에서 연유하는 정치적 이해관계와 선거 전략 등에 따라 멋대로 사람들을 기용하거나 제명한다. 배심원으로 뽑힌 이들의 대다수는 과거에 비해 작은 규모의 상인들이거나 몇몇 행정 기관의 직원들이다. 모든 직업과 견해들이 재판관의 역할 속에서 뒤섞여 사라지고, 초심자의 열정을 가진 많은 이들과 가장 의욕적인 사람들이 가장 보잘것없는 상황에서 만나는 가운데 배심원단의 정신은 변하지 않았다. 그들의 판결은 늘 같다."

위의 인용문에서 꽤 그럴 듯한 결론만 명심하고, 빈약하기 그지

없는 설명은 버리자. 그 취약함에 놀랄 필요는 없다. 왜냐하면 군중심리 — 즉, 배심원들의 심리 — 는 대체로 변호사나 판사들 모두에게 잘 알려져 있지 않은 듯 하기 때문이다. 방금 인용한 글의 필자가 전하는 사건에서 그 증거를 찾아볼 수 있다. 중죄재판소의 가장 유능한 법정변호사 중 하나인 라쇼(Lachaud)는 배심원단에 속한 모든 유식한 인물들에 대해 일관적으로 기피권을 행사했다. 그런데 경험을 통해 — 오직 경험에 의해 — 마침내 그는 기피권이 한낱 무용지물에 불과함을 깨달았다. 오늘날, 적어도 파리의 검찰과 변호사들은 그것을 완전히 포기했다. 여전히 데 글라죄가 지적하듯 판결은 변하지 않았으며 "더 낫지도, 못하지도 않다."

모든 군중이 그러하듯 배심원들도 감정에는 매우 강하게, 이성적 사유에는 매우 약하게 영향 받는다. 한 변호사는 이렇게 썼다. "그들은 젖을 물리는 부인이나 고아들의 행렬을 보면서 저항하지 못한다." 또, 데 글라죄는 "그저 착하게 굴기만 한다면 어떤 여자라도 배심원단의 호의를 얻을 수 있다."고 말했다.

그들 자신에게도 미칠 수 있는 — 따라서 사회를 위협하는 것임에 분명한 — 범죄에 대해서는 인정사정 보지 않는 배심원들이, 치정사건에 관해서는 무척 너그러운 태도를 보인다. 그들이 미혼모의 영아살해 사건을 엄중하게 다루는 경우는 극히 드물다. 또한, 배신한 남자의 얼굴에 황산을 끼얹은 처녀에 대해서는 더 큰 아량을 베푼다. 그들은 본능적으로 이러한 범죄가 사회적으로 위험하지 않을 뿐 아니라, 버림받은 여자들을 법적으로 보호하지 않는 나라에서 저질러지는 그녀들의 복수는 미래의 엽색가들에게 겁을 준다는 측면에서 해롭기보다는 오히려 이롭다고 느끼는 것이다(주 — 말이 난 김에 짚고 넘어가자면, 배심원들에 의해 본능적으로 이루어지는 사회에 위협적인 범죄와 그렇지 않은 범죄에 대한 구분은 결코 부당한 것이 아니다. 형법의 목적은 가공할 만한 범죄로부터 사회를 보호하는 것이지 사회의 원수를 갚는 것이 절대 아니기 때문이다. 그러나 우리의 법규들과, 특히 법관들의 정신 속에는 아직도 낡은 태곳적 법리의 복수심이 깊이 배어 있고, 'vendicte(기소 起訴 — '원수를 갚음' 이라는 뜻의 라틴어 'vindicta' 에서 유래)' 라는 단어는 여전히 일상적으로 사용되고 있다. 법관들의 이러한 성향은 그들 중 다수가 훌륭한 베랑제(Bérenger) 법안 — 유죄선고를 받은 사람이 재범을 저지를 경우에만 형을 살게 하는 법안 — 을 적용하길 거부하는 데서 드러난다. 첫 번째 형벌의 적용이 예외 없이 재범을 유발시킨다는 사실이 통계적으로 증명되었고, 법관들은 이를 모를 리 없다. 그러나 죄인을 풀어줄 때마다 마치 사회의 원수를 제대로 갚아주지 못한 것처럼 느끼는 그들은 차라리 위험한 재범자 만들기를 선호하는 것이다).

배심원들은 여느 군중과 마찬가지로 위엄에 쉽게 현혹된다. 재판소장 데 글라죄가 정확히 짚었듯이 매우 민주적으로 구성된 그들이 정서적인 측면에서는 무척이나 귀족적인 성향을 드러낸다.

"이름, 출신, 부, 명성, 유능한 변호사의 보좌, 남과 구별되는 점들이나 화려하게 눈에 띄는 것들은 피고인에게 상당한 밑천이 된다."

배심원들의 감정을 파악하여 행동하는 것, 그리고 모든 군중을 대할 때 그러하듯 논리를 펴는 일을 지양하면서 가장 초보적인 형태의 추론만을 사용하는 것은 좋은 변호사라면 반드시 명심해야 할 부분이다. 중죄재판소에서 성공을 거두면서 유명해진 한 영국인 변호사가 이러한 방법론을 적절히 해석하였다.

"그는 변론하는 와중에도 주의 깊게 배심원단을 관찰하였다. 절호의 기회이다. 직감에 따라, 또 습관적으로 그는 사람들의 표정을 보며 자신이 내뱉는 각각의 문장과 단어가 생성해내는 효과들을 읽어내고 결론을 내린다. 무엇보다 먼저 자신의 변론에 이미 마음을 기울인 사람들을 구분해내고는 단숨에 그들의 지지를 확고히 한다. 그런 후, 그다지 호락호락해 보이지 않는 사람들에게 주의를 돌려 왜 그들이 피고인에게 반감을 갖고 있는지 파악하려 애쓴다. 이는 그의 업무 중에서도 상당히 까다로운 부분인데, 누군가에게 유죄를 선고하고픈 욕구를 느끼는 이유는 정의감 외에도 무수히 많기 때문이다."

이 몇 줄은 웅변술의 목적이 무엇인가를 매우 잘 요약하고 있을 뿐 아니라 미리 작성된 연설문이 얼마나 쓸모없는 것인지 또한 명확히 보여준다. 매 순간 생성되는 인상에 따라 사용하는 어휘들도 조정되어야 하기 때문이다.

한편, 연설가는 배심원단의 구성원 모두를 설득할 필요는 없으며, 전체의 의견을 결정할 주동자의 마음만 움직이면 된다. 군중 속엔 언제나 다른 사람들을 이끄는 소수의 개인이 있다. 위에서 예로 든 변호사는 다음과 같이 말했다.

"판결을 내리는 순간, 단호한 태도를 취하는 한두 사람이면 배심원단의 나머지 구성원들을 설득하고 이끌기에 충분하다는 것을 경험했다."

능숙한 암시로 반드시 마음을 사로잡아야 하는 이들은 바로 이두어 명의 배심원이다. 무엇보다 먼저 그들의 환심을 사야 한다. 군중에 속한 개인의 마음에 들었다면 그를 거의 설득한 바나 다름없다. 그 어떤 논거도 그에게는 훌륭한 것으로 여겨지게 될 것이다. 변호사 라쇼에 관한 흥미로운 연구에서 다음과 같은 일화를 발견하였다.

"라쇼는 법정에서 변론을 진행하는 내내 영향력 있으나 까다로운 성격이라 알고 있는, 혹은 느껴지는 두어 사람에게서 눈길을 떼지 않았다. 대체로 그는 고분고분하지 않은 사람들을 정복하는 데 성공하곤 했다. 그런데 한번은 지방에서 그가 45분 동안이나 집요하게 논거를 제시해도 꿈쩍 않는 한 사람을 발견했다. 두 번째 줄 첫 번째 좌석에 앉은 제7 배심원. 절망적인 노릇이었다. 그 순간, 열띤 논증을 펼치던 라쇼는 갑자기 말을 멈추더니 중죄재판소장을 향해 시선을 돌렸다. "재판장님, 저기 정면에 있는 커튼을 내리도록 해주실 수 있겠습니까. 제7 배심원께서 햇빛에 눈부셔 하시는군요." 제7 배심원은 얼굴을 붉힌 채 미소 지으며 고마워했다. 그는 변호인 편을 들었다."

근래에 여러 저술가들, 그 중에서도 매우 저명한 인물들이 배심원 제도에 대해 강하게 반박하였다. 그러나 이 제도는 아무런 통제도 받지 않는 한 집단이 흔히 저지르는 잘못들로부터 우리를 보호하는 유일한 기제다(주 — 사실 사법 관직은 직무 수행에 있어서 그 어떤 통제도 받지 않는 유일한 공직이다. 그 모든 혁명에도 불구하고 민주적인 프랑스에는 영국이 그토록 자랑하는 인신보호영장(habeas corpus)의 권리가 없다. 우리는 폭군들을 전부 몰아냈으나 각 지역마다 시민의 자유와 명예를 자신의 뜻대로 좌지우지할 수 있는 법관을 임명했다. 법대를 갓 졸업한 풋내기 예심 판사가 자기 마음대로 혐의에 대한 간단한 가정만으로, 또 이것을 그 누구에게도 입증할 필요 없이 가장 명망 있는 시민들을 감옥으로 보낼 수 있는 권력을 갖는다. 그는 예심을 이유로 그들을 6개월에서 심지어는 1년 동안 그곳에 가둘 수 있고, 후에 그들에게 보상금을 지급하거나 사과하지 않고 내보낼 수 있다. 구인장은 과거 봉인장(封印狀 : 귀양이나 투옥 따위를 명하는 내용이 담긴 왕의 편지 — **역주**)과 완전히 동등한 것인데, 다른 점이 있다면 그토록 정당하게 비판받았던 군주제 시대의 봉인장이 최상의 지위에 있는 인물들에게만 허용된 것이었던 데 반해, 오늘날에는 가장 양식 있거나 독립적이라고는 하기 힘든 특정 집단의 구성원 전체에게 그 권리가 주어진다는 점이다). 어떤 이들은 오직 교양을 갖춘 계급의 사람들 가운데서 배심원들을 모으기를 바랄 것이다. 그러나 이미 증명한 바와 같이 그 경우에도 지금과 마찬가지의 판결들이 내려질 것이다. 다른 이들은 배심원들이 저지른 실수를 근거로 그들의 자리를 없애거나 판사로 대체하기를 원할 것이다. 그러나 배심원단이 비난의 화살을 맞는 것이 그들의 오판 때문이라면, 그들보다 먼저 그 같은 오류를 저지른 장본인이 다름 아닌 판사들이라는 사실을 어떻게 간과할 수 있겠는가. 피고가 배심원단 앞에 왔을 땐, 그가 여러 법관들 ─ 예심 판사, 대심 재판소의 검사장, 중죄 기소부 ─ 에 의해 이미 죄인으로 간주되었다는 얘기다. 그리고 만약 피고인이 배심원단을 거치지 않고 오직 법관들에 의해서만 확정적으로 심판 받는다면, 그는 무죄로 인정될 수 있는 단 하나의 기회조차 잃는 것이리라. 배심원들의 오류는 언제나 법관들이 먼저 저지른 것이었다. 그러므로 편협하기 짝이 없는 예심 판사에 의해 기소된 의사 L의 유죄 판결과 같은, 특히나 끔찍한 오심이 발생할 때는 오직 그들에게 책임을 물어야 할 것이다. L은 30프랑을 받고 한 소녀에게 낙태 시술을 했다는 혐의로 체포되었는데, 이는 순전히 반 백치에 가까운 그 소녀의 고소에만 기초한 것이었다. 만약, 국가 원수로 하여금 즉시 그를 사면하게 만들 정도로 시민들의 분노가 폭발하지 않았다면 그는 영락없이 형장으로 끌려갔을 것이다. 그 죄수의 신망에 대한 시민들의 주장은 예심 결과가 얼마나 조잡한 것이었는지 명백히 밝혀냈다. 스스로의 잘못을 인정하였으면서도 법관들은 카스트 정신에 입각하여 사면을 막기 위해 안간힘을 썼다. 이와 유사한 모든 사건에 직면하여, 거의 이해하지 못하는 전문적 세부 사항들 속에서 허우적대는 배심원단은 '어쨌든 미묘한 사안을 다루는데 능숙한 법관들이 사건을 심리했으니까' 라고 생각하며 자연스럽게 검찰의 말에 귀 기울인다. 그렇다면 누가 진정한 오심의 주범일까? 배심원들? 아니면 법관들? 배심원단을 소중히 간직하자. 그들은 어쩌면 그 어떤 개인성으로도 대체할 수 없는 유일한 군중의 범주일 것이다. 오직 배심원단만이 모든 이에게 평등하며 원칙적으로 맹목적이고 예외를 인정하지 않는 법의 냉혹함을 완화시킬 수 있다. 동정심도 없고, 법조문 밖에 모르며, 직업적으로 몰인정한 판사는 남자에게 버림받고 가난에 찌들어 친자식을 죽인 가엾은 젊은 여자에게 강도 살인죄에 해당하는 형벌을 내릴 것이다. 반면 배심원단은 그녀를 유혹하고 버렸으면서도 법망에 걸리지 않은 남자보다는 버림받은 여자의 죄가 덜 무거우며, 따라서 그녀에게 관용을 베풀 만하다는 것을 본능적으로 느낀다.

카스트(배타적 폐쇄 집단)의 심리, 또 그 밖의 다른 범주에 속하는 군중들의 심리를 잘 알고 있는 나로서는 어쩌다 부당하게 고발될 경우 법관들보다는 배심원들에게 심판받는 편을 선호할 것이다. 그렇게 되면 무죄로 인정될 가능성이 훨씬 더 높기 때문이다. 군중의 영향력을 경계하자. 그러나 특정 카스트의 영향력에 대해서는 더욱 더 정신을 바짝 차리자. 전자(前者)는 설득할 수 있지만, 후자(後者)는 결코 꺾이지 않는다.

4장

유권자들

선거하는 군중, 다시 말해 특정 직무의 담당자를 선출하도록 부름 받은 집합체는 비균질적 군중이다. 그러나 정확하게 한정된 문제 — 다양한 후보자들 가운데 누군가를 선택하는 일 — 에만 관여하고 행동하므로 그들에게서는 앞서 묘사한 군중의 특성 중 일부만 발견된다.

유권자들에게서 나타나는 군중의 속성은 빈약한 사유 능력, 비판 정신의 결여, 쉽게 흥분하는 성질, 잘 믿는 경향, 그리고 단순함이다. 선동가의 위력은 그들의 결정에 영향을 미친다. 물론 이미 열거했던 주장, 반복, 위엄, 전염 등의 요인들 역시 중요한 역할을 한다.

유권자들을 어떻게 사로잡을지 연구해보자. 그들을 가장 확실하게 유혹하는 방법이 무엇인가를 탐색하는 과정 속에서 그들의 심리를 명확히 짚어낼 수 있으리라.

후보자가 지녀야 할 가장 우선적인 조건은 바로 위엄이다. 개성적 위엄은 오직 부(富)의 위엄으로만 대체될 수 있다. 재능이나 천재성조차도 성공의 요건은 아니다.

후보자에게 위엄은, 즉 모두로 하여금 이의 없이 자신의 존재를 받아들이게 하는 능력은 필수불가결한 것이다. 선거인단의 대다수가 노동자와 농민임에도 불구하고 그들이 자신과 같은 환경에 있는 사람을 대표로 선택하는 일은 매우 드물다. 출신 계급이 같은 인물에게서는 아무런 위엄도 느끼지 못하는 까닭이다. 혹시라도 그들이 동일한 지위에 있는 사람을 선출한다면 이는 대개 부수적인 이유 때문이다. 유권자 자신이 매일같이 의존하는 고용주 혹은 높은 사람에게 정면으로 대항함으로써 한 순간이나마 자기도 그의 주인이 될 수 있다는 환상을 품어보는 것 따위를 예로 들 수 있다.

그러나 어떤 후보가 단지 위엄을 지녔다고 해서 그의 성공이 보장되지는 않는다. 유권자는 자신에게 알랑거리며 탐욕과 허영을 만족시켜주는 것을 좋아한다. 따라서 도를 넘어서는 아첨을 쏟아부어야 하며, 가장 환상적인 약속들을 주저하지 말아야 한다. 만약 그가 노동자라면 최선을 다해 고용주를 매도하고 깎아내려야 할 것이다. 한편, 상대 후보에 대해서는 확신에 찬 주장과 반복 그리고 전염 기제를 활용하여 최후의 무뢰한인 그가 저지른 여러 범죄에 대해 모르는 사람이 없음을 밝히면서 그를 짓밟기 위해 애써야 한다. 물론, 그 어떤 증거도 제시할 필요가 없다. 만약 상대 후보가 군중심리에 대해 잘 모른다면 또 다른 억측들로 반박하는 대신 논리적 근거를 들어가며 자신의 정당성을 입증하려 할 테고, 결국 승리할 가능성으로부터는 완전히 멀어지게 될 테니 말이다.

후보자의 서면(書面) 공약이 너무 단정적이고 명확해서는 안 되는데, 정적(政敵)들이 나중에 그것에 반박할 수 있기 때문이다. 그러나 구두(口頭)로 하는 공약은 아무리 부풀려도 지나치지 않다. 대규모 개혁도 일말의 두려움 없이 약속될 수 있다. 이러한 과장은 당장엔 많은 효험을 나타내는 반면, 훗날 아무런 구속도 하지 않는다. 지속적인 관찰에 따르면 유권자는 당선자가 자신의 공약들을 얼마나 잘 지키는가에 결코 주목하지 않는다. 그 덕분에 선거에서 승리했다고 가정되는 것들이라도 말이다.

앞서 논한 설득의 모든 요소들이 여기 있다. 이미 그 강력한 제국에 대해 설명한 바 있는 '말'과 '문구'의 역할을 다시 확인하게 될 것이다. 어휘와 문장을 자유로이 사용할 줄 아는 웅변가는 자신이 원하는 어디로든 군중을 이끈다. '추악한 자본', '파렴치한 착취자', '감탄스런 노동자', '부의 사회화' 등의 표현은 이미 좀 낡긴 했지만 여전히 같은 효과를 낸다. 그러나 비록 명료한 뜻이 없더라도 ─ 그렇기에 더욱 다양한 열망들에 답할 수 있는 ─ 새로운 문구를 찾아낸 후보는 틀림없이 성공한다. 1873년의 피비린내 나는 스페인 혁명은 누구나 제멋대로 해석할 수 있는 복합적인 의미를 지닌 마술적 어휘들로 인해 발발하였다. 어느 현대 작가는 여기 전재할 만한 다음과 같은 문장들로 그것의 기원에 대해 서술했다.

『급진주의자들은 중앙집권 공화제가 변장한 군주제와 마찬가지라는 사실을 알고 있었다. 그들의 마음에 들기 위해 국회는 이구동성으로 '연방 공화국'을 부르짖었지만 정작 자신이 찬성표를 던진 사안에 대해 설명할 수 있는 사람은 아무도 없었다. 그러나 이 문구는 모든 이들을 현혹하여 도취와 흥분 상태로 몰아넣었다. 지구상에 이제 막 행복과 미덕의 낙원이 세워진 것이었다. 반대편으로부터 '연방주의자'라는 칭호를 거부당한 공화주의자는 마치 죽도록 심한 모욕을 당한 것처럼 불쾌해 했다. 사람들은 서로에게 "Salud y republica federal (연방 공화국 만세)"라고 말을 건네며 거리로 나서곤 했다. 그러고는 저 '성스러운' 군기 문란과 군인의 자율성에 대한 찬가를 불렀다. 하지만 '연방 공화국'이란 과연 무엇이었는가. 어떤 이들은 지역의 해방, 미국식 제도들, 혹은 행정적인 지방 분권화를 떠올렸다. 다른 이들에게 이것은 모든 권위의 소멸, 범사회적 해체의 도래를 의미했다. 바르셀로나와 안달루시아의 사회주의자들은 지역의 절대적인 최고 통치권을 강조하면서 독립적인 1만 개의 자치도시를 스페인에게 주는 대신 그들 스스로 법률을 제정하고 군대와 헌병대를 없애기를 원했다. 곧 스페인 남부의 이 마을에서 저 마을로, 이 도시에서 저 도시로 폭동이 번지기 시작했다. 한 지역의 군부가 항명 선언 직후 제일 먼저 하는 일은 근접 지역 및 마드리드와의 모든 통신을 차단하기 위해 전신과 철도를 파괴하는 것이었다. 쾌씸한 촌락들은 하나같이 뭐든 혼자 알아서 해보겠다고 나섰다. 연방주의는 방화와 살육으로 얼룩진 난폭한 자치주(canton) 분할주의에 자리를 내주었으며, 여기저기에서 잔혹한 방탕의 축제가 벌어졌다.』

한편, 선거인 집회의 보고서를 단 한 번이라도 읽어본 이라면 누구나 논리적 추론이 유권자의 정신에 어떤 영향을 미치는지 충분히 이해할 수 있을 것이다. 그곳에서 사람들은 주장과 욕설, 그리고 가끔씩 구타를 주고받지만 결코 사유를 나누지는 않는다. 만약 어느 한 순간 정적이 감돌았다면 그것은 까다로운 성격의 참석자가 후보자에게 거북한 질문을 던지겠노라고 공표했음을 뜻한다. 이런 질문들은 언제나 청중을 즐겁게 하기 때문이다. 그러나 발언자의 목소리는 곧 상대편의 야유로 뒤덮여, 공격하는 쪽의 만족감은 오래 가지 않는다. 다음의 보고문이 묘사하는 광경은 수백 개의 유사한 회합 중에서 추려진 후 신문에 보도된 것으로서, 공공 집회의 전형적인 분위기로 간주될 수 있다.

『기획자 중 한 사람이 참석자들에게 의장 선출을 요청하자 폭풍이 몰아치기 시작했다. 무정부주의자들이 단상의 중앙을 공략하기 위해 연단으로 달려든다. 사회주의자들은 그것을 있는 힘껏 사수한다. 사람들은 서로 부딪히며 상대를 끄나풀이나 매수된 배반자로 취급한다. 멍든 눈을 한 시민 하나가 거기에서 빠져나온다.

결국 소요 속에 그럭저럭 의장석이 마련되었고, 연단은 X가 차지했다.

　연설가는 전속력으로 사회주의자들을 향해 돌격하고, 사회주의자들은 "얼간이", "강도", "너절한 놈"이라 소리치며 그의 말을 끊는다. X는 사회주의자들이 "바보" 혹은 "광대"라는 논리를 펼침으로써 이에 응대한다.

　알마니스트당(Le Parti allemaniste : 혁명적 사회주의 노동자당 (Le Parti ouvrier socialiste révolutionnaire)의 약칭으로, 당의 지도자 중 한 사람인 장 알만(Jean Allemane)의 이름에서 유래 ― 역주)은 어제 저녁 포부르 뒤 탕플 (Faubourg-du-Temple) 거리에 있는 상업 회관에서, 5월 1일 노동자 축제를 준비하기 위한 대규모 모임을 가졌다. 행동지침은 '고요와 평화'였다.

　G는 사회주의자들을 "얼간이", "난로공 (불성실한 사람 ― 역주)"으로 취급했다.

　이 말에 연설가과 청중은 서로에게 욕설을 퍼부으면서 의자와 벤치, 탁자들을 집어 들고 단상으로 몰려나왔다.』

　아주 잠깐이라도 이러한 종류의 토론이 어느 특정 계급의 유권자들에게 국한된 것이며, 그들의 사회적 환경에 따른 것이라고 상상하지 말자. 모든 익명 집단의 토론은 설사 학식 있는 사람들만으로 구성된 집단이라 할지라도 쉽게 이 같은 형태를 띤다. 군중에 속한 인간들이 정신적으로 동등해지는 경향을 보임을 우리는 이미 확인했으며, 번번이 그 증거를 발견하고 있다. 여기, 오로지 학생들로만 이루어진 집회의 한 장면을 1895년 2월 13일자 〈Le

Temps〉지(紙)에서 발췌해 예로 제시한다.

『밤이 깊어갈수록 소요는 더욱 격렬해졌다. 아마도 중단 없이 두 문장을 이어간 연사(演士)가 없었던 것 같다. 매 순간 이쪽 혹은 저쪽에서, 가끔은 동시에 양쪽에서 고함이 터져 나왔다. 사람들은 환호하며 갈채를 보내거나 휘파람으로 야유를 퍼부었다. 과격한 토론은 각양각색의 청중에게로 번졌다. 마구 휘둘려지는 지팡이는 위협적이었다. 모두 박자에 맞춰 바닥을 두드렸다. "밖으로 내쫓자!" "연단으로 보내자!" 아우성은 끊이지 않았다.

M-C는 단체를 향해 '가증스런, 비겁한, 흉악한, 매수된, 앙심을 품은' 등의 수식어를 아낌없이 내뱉었으며, 그것을 파괴하길 원한다고 천명했다.』

이와 같은 조건 하에서 어떻게 유권자의 의견이 형성될 수 있을지 의문스러울 것이다. 그러나 이러한 질문을 한다는 것 자체가 한 집단이 누릴 수 있는 자유의 정도에 대해 야릇한 환상을 품는 것이라 볼 수 있다. 군중은 자신들에게 주어진 견해를 받아들일 뿐 결코 논리적 사유를 통해 의견을 확립하지 않는다. 마찬가지로 유권자들의 여론과 표심은 선거 위원회의 손에 달려 있다. 이 집단의 주동자는 대개 몇몇 포도주 판매업자들로서 노동자들에게 외상을 허용함으로써 강한 영향력을 행사하는 인물들이다. 민주주의의 가장 용감한 지지자 중 하나인 셰레(Schérer)는 이렇게 적었다.

"선거 위원회가 뭔지 아시오. 간단히 말해 모든 제도의 열쇠이며, 정치 기계의 가장 중요한 부속품이오. 프랑스는 오늘날 위원회들에 의해 통치되고 있소(주 — 클럽(정치집단)이든 노조든 그 이름이 어떠하든 간에 모든 위원회들은 아마도 군중의 힘이 지닌 가공할 만한 위험 중 하나일 것이다. 사실 그들은 가장 비개인적인, 따라서 가장 폭압적인 형태를 띤다. 위원회를 이끄는 주동자들은 집단 전체의 이름으로 말하고 행동하는 것으로 인식되어 모든 책임으로부터 자유로우며, 스스로에게 어떤 행위든 허락할 수 있다. 역사상 가장 잔인한 폭군도 감히 혁명 위원회가 행사한 추방형에 대한 권한은 꿈조차 꾸지 못했을 것이다. 바라스에 따르면, 그들은 의원들을 하나씩 뽑아내어 죽임으로써 정기적으로 국민공회의 인원을 감축했다. 그들 전체의 이름으로 발언할 수 있는 동안 로베스피에르는 절대 군주였다. 자존심 문제로 그들과 결별한 날, 이 소름끼치는 독재자는 파멸하고 말았다. 군중의 지배는 위원회, 즉 주동자들의 지배이다. 우리는 이보다 더 혹독한 독재 정치를 상상할 수 없으리라)."

또한, 그럭저럭 받아들여질 만하고 충분한 경제적 자산을 갖추고 있는 후보자라면 유권자들에게 영향력을 행사하는 것은 어려운 일이 아니다. 기부자들의 고백에 따르면 불랑제 장군은 수많은 선거에서 승리를 획득하기 위해 300만 프랑으로 충분했다고 한다.

유권자들의 심리란 이런 것이다. 여타 군중들의 심리와 같으며, 더 낫지도 못하지도 않다. 따라서 나는 보통선거에 반하는 어떤 결론도 내리지 않을 것이며, 만약 내가 그것의 운명을 결정지어야 한다면 지금 그대로 유지시킬 것이다. 이는 바로 군중심리 연구로 부터 얻게 된 다음과 같은 실질적 동기들 때문이다.

보통선거의 부정적 측면들은 너무도 분명하여 모르고 지나치기 힘든 것이 사실이다. 아래로 내려갈수록 정신적 가치가 떨어지는 피라미드의 각 층은 한 국가의 근본 계층을 표상하고, 문명은 이 피라미드의 꼭짓점을 이루는 소수 우월한 영혼들의 업적이라는 점을 부인하지는 못할 것이다. 가진 거라곤 머릿수뿐인 하층 인구 의 표에 한 문명의 영광이 좌우될 수는 없다. 군중의 표는 대개 위 험하며, 그로 인해 벌써 여러 차례의 침략을 겪어야 했다. 또한, 사 회주의의 승리가 불러일으킨 민중의 최고 통치권에 대한 환상은 분명 우리에게 훨씬 큰 대가를 치르게 할 것이다.

그러나 이론적으로 뛰어난 이 반론들은 실질적인 힘을 모두 잃 어가고 있다. 어느덧 교리로 자리 잡은 사상들의 꺾이지 않는 힘 을 떠올려보면 알 수 있는 일이다. 민중 지배의 교리는 철학적인 관점에서 중세 종교적 교의만큼이나 방어할 가치가 없는 것임에 도 오늘날 절대적인 세력을 누리고 있다. 과거의 종교적 사상만큼 이나 무너뜨리기 어려운 것이다. 마법을 써서 현대의 자유사상가 를 중세로 옮겨 놓았다고 가정해보자. 그 시대를 지배하던 종교적 사상의 최고 통치권을 확인한 그가 그것에 대항하여 싸우기를 시 도할까? 악마와 계약을 맺었다거나 혹은 마녀 집회에 참석했다는 혐의로 자신을 화형에 처하고자 하는 판사 앞에서, 그는 과연 악 마나 마녀 집회의 존재 자체를 부정할 엄두나 낼 수 있을까? 태풍과 토론을 벌이지 않듯 군중의 신념에도 반박하지 않는 것이다. 오늘날 보통선거는 그 옛날 기독교 교리와 마찬가지의 권위를 갖고 있다. 연설가와 저술가들은 일찍이 루이 14세도 받아보지 못한 경의와 찬사를 섞어 그것에 대해 말한다. 따라서 보통선거에 관해서는 종교적 교리를 대하듯 행동해야 한다. 오직 시간만이 그것의 우위에서 영향력을 행사할 수 있다.

더구나 이 교리는 외관상 정당성을 지니기에 이를 무너뜨리려 애쓰는 것은 더욱 불필요한 일이다. 토크빌이 제대로 지적했듯 평등의 시대에는 인간들이 서로 닮았기 때문에 서로에 대해 그 어떤 믿음도 갖고 있지 않다. 그러나 바로 이 유사성으로 말미암아 그들은 공공의 판단에 대해서만큼은 거의 무제한적 신뢰를 보낸다. 왜냐하면 모두의 지혜로움이 동등할진대 진리가 다수의 편에 서지 않는다는 것은 불가능한 일처럼 보이기 때문이다.

그렇다면 제한선거가 — 원한다면 능력의 제한이라고 해도 좋다 — 군중의 표결을 향상시킬 수 있다고 가정해야 할까? 나는 단한 순간도 그에 수긍할 수 없다. 이유는 이미 언급했듯이 구성원이 어떻든 간에 모든 집합체는 정신적으로 열등하기 때문이다. 군중을 이룬 인간들은 언제나 평준화된다. 일반적인 문제에 대한 학자들 40명의 표가 식수배달부 40명의 표보다 우월하지는 않다. 만약, 오직 현명하고 학식이 뛰어난 사람들 가운데서 투표자를 모집했다고 하더라도 보통선거를 비난하는데 빌미를 제공한 — 이를테면 제국으로의 복귀와 같은 — 결과들 중 무엇도 달라지지는 않았을 것이다. 한 개인이 그리스어를 할 줄 안다거나 수학에 조예가 깊다고, 혹은 건축가, 수의사, 의사이거나 변호사라고 해서 그가 사회적인 문제에 관해 특별한 혜안을 갖춘 것은 아니다. 경제학자들 모두가 배운 사람들이고 대부분은 교수이거나 학자들인데 보호주의, 양본위제 등 일반적 질문 중 하나에 대해서라도 그들 전부가 찬성한 적 있는가? 이는 그들의 과학이 우주적 무지(無知)의 완화된 형태에 지나지 않음을 의미한다. 미지수들로 가득한 사회 문제 앞에서 모든 무지는 평준화된다.

따라서 과학으로 중무장한 사람들만으로 선거인단이 꾸려진다고 해도 투표 결과가 지금보다 낮지는 않을 것이다. 그들은 우선적으로 자신들의 감정과 정당 정신에 따를 것이고, 우리는 현재 당면한 난제 중 그 무엇으로부터도 벗어나지 못할 것이며, 분명 배타적 폐쇄 집단들의 무시무시한 폭압 하에 놓이게 될 것이다.

제한이든 보통이든, 공화국이든 군주제 국가든, 프랑스, 벨기에, 그리스, 포르투갈, 스페인 등에서 맹위를 떨치며 시행되고 있는 선거제도는 어디나 비슷한 데, 그것이 반영하는 것은 다름 아닌 그 민족의 무의식적 열망과 욕구이다. 어느 나라든 당선자들의 평균은 민족정신의 평균치를 드러내며, 이는 세대가 바뀌어도 거의 동일하게 유지된다.

이렇게 우리는 이제껏 수없이 언급했던 민족이라는 근본 개념과 다시 만나는 동시에 거기에서 파생된 또 다른 사실과 맞닥뜨리게 된다. 제도나 정부는 민중의 삶에서 아주 미약한 역할을 할 뿐이라는 사실 말이다. 민중을 인도하는 것은 선조들이 남긴 유산의 총체라 할 수 있는 민족의 혼이다. 민족, 그리고 생활의 필요에 의해 돌아가는 일상의 쳇바퀴. 우리의 운명을 통치하는 신비로운 지배자는 바로 이들이다.

5장
의회

의회는 익명이 아닌 비균질적 군중을 대표하는 집단이다. 시대와 국민에 따라 구성원이 달라지기는 하지만 모든 의회는 특유의 성질들로 인해 무척 비슷한 형태를 띤다. 민족성은 이러한 특성을 다소 감소시키거나 확대할 수는 있으나 그것의 발현 자체를 막을 수는 없다. 그리하여 그리스, 이탈리아, 포르투갈, 스페인, 프랑스, 미국처럼 다양한 국가의 의회들이 토의와 표결 등에서 매우 유사한 양상을 보이며, 정부를 동일한 난관에 부닥치게 만들곤 하는 것이다.

한편 의회 체제는 문명화한 모든 현대 국가의 이상을 드러낸다. 이 제도는 한 주제에 대해 다수가 소수보다 더욱 현명하고 독립적인 결정을 내릴 것이라는 — 심리학적으로는 옳지 않지만 일반적으로 수용되고 있는 ─ 생각을 반영한다.

의회는 사고의 단순성, 과민성, 피암시성, 감정의 과장, 선동자의 지배적인 영향력 등 군중의 보편적 특징들을 지니고 있다. 그러나 그 구성의 독특함으로 말미암아 여느 군중과 몇몇 다른 점을 보이기도 하는데, 이에 대해서는 곧 설명할 것이다.

사고의 단순성은 이 집단의 가장 중요한 특성 중 하나다. 주로 라틴 국가의 모든 정당에서 가장 복잡한 사회 문제를 가장 단순한 추상적 원칙과 어디에나 적용 가능한 일반적 법칙으로 해결하려는 확고부동한 경향성이 발견된다. 물론 각각의 정당마다 내세우는 원칙은 다르다. 하지만 군중을 이루었다는 사실 하나로 그들은 모두 원칙의 가치를 과장하고, 그것을 종국의 결론으로 몰아가는 경향을 보인다. 그리하여 의회는 무엇보다 특히 극단적인 견해를 제시한다.

가장 완벽하고 전형적인 방식으로 의회의 단순화를 이룬 이들은 프랑스 혁명기의 자코뱅파였다. 하나같이 교조주의적이며 논리적이고, 머릿속은 모호한 일반론으로 가득 찬 그들은 사건 하나하나를 고려하지 않고 그저 고정된 원칙을 적용하는데 급급했다. 사람들은 그들이 혁명을 보지도 않은 채 통과했다고 말했는데, 일리가 있는 얘기다. 지극히 단순한 교리들을 지침으로 삼은 그들은 자신들이 완전히 새로운 사회를 만들 수 있을 뿐 아니라 하나의 세련된 문명을 사회 발전 과정의 초기 단계로 환원시킬 수 있으리라 믿었다. 그들이 꿈을 실현하기 위해 이용한 방법들 또한 절대적인 단순성의 발로였다. 실제로 그들은 자신들의 심기를 불편하게 하는 것을 폭력적으로 파괴하는데 그쳤다. 하기야 모두가 그랬다. 지롱드 파, 산악당 의원들, 테르미도르 파 너나할 것 없이 다들 같은 풍조에 젖어 있었다.

의회는 매우 쉽게 암시에 걸리며, 다른 모든 군중이 그러하듯 위엄을 지닌 선동가의 제안에 솔깃하게 된다. 그러나 의회에서 발견되는 암시성은 무척이나 명확한 한계를 지니는 바, 이에 대해 짚고 넘어가야 할 듯하다.

국지적이며 지역적인 이익과 관련된 문제에 있어서 각각의 의원은 그 어떤 주장으로도 꺾이지 않을 만큼 완고한 견해를 갖고 있다. 데모스테네스(Demosthenes, 기원전 384–322, 고대 그리스의 뛰어난 웅변가, 정치가 ― 역주)의 재능으로도 보호무역주의 혹은 자가 소비용 브랜디 증류자들의 특권과 연관된 ― 즉 영향력 있는 유권자들의 요구를 드러내는 ― 사안에 관한 의원 한 사람의 표심을 바꿀 수는 없을 것이다. 유권자의 암시는 다른 모든 암시를 무력화시키고 의견을 절대적으로 고정시킬 만큼 지배적이다(주 ― 아마도 영국의 한 늙은 의원의 다음과 같은 발언은 선거에서의 전략적 필요에 의해 일찌감치 확정되고 고정된 모든 의견들에 적용될 것이다. "웨스트민스터에 자리 잡은 이래 50년 동안 나는 수천 번의 연설을 들었다. 그 중에서 내 견해를 바꾼 것은 거의 없었으며, 내 표를 바꾼 것은 단 하나도 없었다.").

한편, 내각의 전복이나 세금의 제정 등 일반적인 문제에 관해서는 견해의 고정성이 사라진다. 선동가의 암시가 작용할 수 있지만 보통의 군중에서와는 조금 다르다. 각 정당마다 선동가들이 있으며, 그들은 때때로 동일한 영향력을 갖는다. 그 결과, 의원들은 서로 어긋나는 제안들 속에서 어쩔 수 없이 매우 주저하게 된다. 15분 간격으로 상충적인 표를 던져 자신들이 찬성한 법률에 그것을 흠집 내는 조항을 덧붙이는 그들의 모습을 자주 보게 되는 것도 바로 이러한 까닭이다. 기업가에게서 노동자를 선택하거나 해고할 권리를 빼앗은 후 수정안을 통해 이 조치를 거의 무효화하는 것 등이 그 예이다.

또 이런 이유로 각 회기마다 의회는 때때로 매우 고정된 견해를 표명하기도 하고, 그만큼 불확실한 의견을 피력하기도 하는 것이다. 의회의 안건 중 가장 많은 비중을 차지하는 것은 보통 일반적인 문제들인데, 이를 다룰 때 의회를 지배하는 속성은 유권자에 대한 지속적인 두려움으로 말미암은 우유부단함이다. 유권자의 잠재적 암시는 언제나 선동가의 영향력을 상쇄하는 경향을 보인다.

그럼에도 불구하고 의원들이 확고한 견해를 드러내지 않는 수많은 토론의 진정한 수장은 역시 선동가들이다.

이러한 선동가들은 필수불가결한 존재임이 틀림없다. 왜냐하면 그들은 ― 집단의 지도자라는 이름 하에 ― 모든 나라의 의회에서 발견되기 때문이다. 의회의 진정한 최고 통치자는 그들이다. 군중 속 인간들은 지도자 없이 아무것도 할 수 없다. 이런 까닭에 한 의회의 표는 일반적으로 소수 의견만을 표명할 뿐이다.

논리적 추론으로 다수에게 영향을 미치는 선동가는 거의 없으며, 대부분이 자신의 위엄으로 그들을 통솔한다. 가장 훌륭한 증거는 어떤 이유로든 그들이 위엄을 잃게 되면 영향력 또한 사라진다는 사실이다.

선동가들의 위엄은 본유적인 것이며, 이름이나 명성에서 기인하지 않는다. 쥘 시몽(Jules Simon, 1814-1896)은 자신이 참석한 1848년 의회에 함께 자리했던 위인들을 언급하며 무척 흥미로운 예들을 제시한다.

"절대 권력을 쥐기 두 달 전, 루이 나폴레옹(Louis-Napoléon)은 아무 것도 아니었다."

"빅토르 위고(Victor Hugo)가 연단에 올랐다. 그는 아무런 성공도 얻지 못했다. 사람들은 펠릭스 피야(Félix Pyat)에게 귀 기울이듯 그의 연설을 들었으나 그만큼 박수를 보내지는 않았다. 볼라벨르(Vaulabelle)는 펠릭스 피야에 대해 내게 이렇게 말했다. "그의 견해들을 좋아하지는 않습니다. 하지만 그는 프랑스에서 가장 위대한 저술가 중 하나이며, 누구보다 뛰어난 연설가지요." 보기 드문 고매한 지성의 소유자 에드가 키네(Edgar Quinet)는 전혀 중요한 인물이 아니었다. 개회 전 그는 인기를 누렸으나 의회 내에서는 조금도 이목을 끌지 못했다."

"정치적 의회는 지구상에서 인간의 천재성이 가장 덜 돋보이는 곳이다. 그 곳에서는 오직 시간과 공간에 적합한 웅변술, 그리고 조국이 아닌 정당에 대한 기여만이 중시된다. 1848년 라마르틴(Lamartine)에게, 1871년 티에르(Thiers)에게 경의를 표하기 위해서는 급박하고 불가피한 상황이라는 자극제가 필요했다. 위험이 지나가자 사람들은 고마움과 두려움으로부터 동시에 회복되었다."

내가 이 부분을 인용한 까닭은 그가 묘사한 일화들 때문이지 보잘 것 없는 그의 설명 때문이 아니다. 만약 군중이 조국이나 정당에 대한 선동가의 기여도에 의미를 부여한다면 곧 군중으로서의 특성을 잃게 될 것이다. 선동가에게 복종하는 군중은 그의 위엄을 따를 뿐이며, 거기엔 이득이나 감사에 대한 그 어떤 감정도 끼어들지 않는다.

따라서 충분한 위엄을 갖춘 선동가는 거의 절대적인 힘을 갖는다. 자신의 위엄 덕택에 오랫동안 엄청난 위력을 떨쳐온 유명한 의원 하나가 금전적 불이익을 초래한 모종의 사건들을 겪은 후 지난 번 선거에서 낙선한 사실은 잘 알려져 있다. 그의 지시 하나로 장관들이 물러나곤 했었는데 말이다(조르주 클레망소 Georges Clemenceau, 1841-1929를 암시 — 역주). 한 작가는 그의 행동반경에 관해 다음과 같이 정확하게 기록하였다.

"우리가 세 배나 비싸게 주고 통킹(Tonkin, 베트남 북부 송코이 강 유역 — 역주)을 산 것도, 마다가스카르에서 아주 불확실한 입지밖에 마련하지 못한 것도, 니제르에서 제국 전체가 실의에 빠져버린 것도, 이집트에서 누리던 지배적 위치를 빼앗긴 것도 모두 C의 선택이다. 그의 이론은 우리로 하여금 나폴레옹 1세 시절의 참담한 패배 때보다도 더 많은 영토를 상실케 했다."

그러나 이 선동가를 너무 심하게 탓해서는 안 된다. 우리에게 엄청난 피해를 입힌 것은 분명하지만 그는 그저 식민지 문제에 관해 오늘날과는 전혀 달랐던 당시의 여론을 따랐을 뿐이며, 그럼으로써 영향력의 대부분을 획득했던 것뿐이다. 선동가가 여론보다 앞서는 일은 매우 드물다. 거의 언제나 여론의 뒤를 좇으면서 그 모든 오류를 받아들이는데 그친다.

위엄 이외에 선동가의 설득 수단이 되는 요소들은 이미 여러 번 열거하였다. 그것들을 능숙하게 다루기 위해 선동가는 무의식적으로라도 이미 군중의 심리를 간파한 상태여야 하며, 그들에게 어떻게 말해야 하는지 알고 있어야 한다. 또한 무엇보다도 언어, 문구, 이미지의 매혹적인 영향력을 숙지해야 한다. 근거 없이 단호한 주장과 빈약한 사유의 틀에 둘러싸인 강렬한 이미지를 활용하는 독특한 언변을 지녀야 한다. 이는 가장 절제된 영국의 의회까지도 포함하여 모든 의회에서 발견되는 웅변술의 한 장르이다.

영국의 철학자 메인(Henry James Summer Maine, 1822-1888)이 말했다.

"우리는 빈번히 의회 회의록을 읽어볼 수 있는데, 회의장에선 매번 꽤 미약한 일반론과 상당히 과격한 인신공격이 오간다. 순수 민주주의의 환상 위에서 이런 종류의 일반적 문구들은 경이로운 효과를 발휘한다. 군중으로 하여금 이목을 끄는 말들로 포장된 보편적 주장을 받아들이게 하는 일은 언제나 수월한 것이리라. 설사 그것이 전혀 검토되지 않았거나 혹은 검토될 가능성조차 없을지라도 말이다."

위의 인용문에 언급된 '이목을 끄는 말들'의 중요성은 아무리 강조해도 지나치지 않을 것이다. 말과 문구의 특별한 힘에 대해서는 이미 여러 차례 지적하였다. 생생한 이미지를 불러일으킬 수 있는 것들로 잘 선택해야 한다. 우리 의회의 대표적 선동가 중 한 사람의 연설에서 빌려온 다음 문장은 훌륭한 본보기이다.

"부패한 정치인과 살기를 띠는 무정부주의자가 한 배에 실려 열병을 일으키는 유배지에 도착할 그 날, 비로소 그들은 대화를 나눌 수 있을 것이고, 사회 안정의 보완적 양면으로서 서로를 바라보게 될 것이다."

이렇게 그려진 이미지는 너무도 선명하고 강렬하여 연설가의 모든 적들로 하여금 위태로움을 느끼게 한다. 뿐만 아니라 그들은 눈앞에서 열병이 창궐한 이국땅과 자신들을 싣고 갈 선박을 보는데, 아마도 스스로가 ─ 다소 불분명하게 정의된 ─ 위협받은 정치인의 범주에 속하기 때문이리라. 결국 이 순간 이들은 로베스피에르의 모호한 연설을 들으며 단두대의 위협을 체감했던, 그리하여 공포에 떨며 그에게 굴복했던 대혁명 후 국민공회 의원들이 느꼈을 법한 은밀한 두려움을 느끼는 것이다.

선동가는 가급적 가장 말도 안 되는 비약에 빠지는 것이 좋다. 방금 인용한 문장의 당사자인 그 연설가는 커다란 저항을 불러일으키지 않으면서 '은행가와 사제들이 발포자(發砲者)들을 매수했으며, 대규모 금융 회사의 경영자들은 무정부주의자들과 같은 형벌을 받아 마땅하다'고 주장할 수 있었다. 이런 확신에 찬 언설들은 언제나 군중 위에 군림한다. 아무리 열띤 단언도, 위협적인 수사(修辭)도 지나친 것일 수 없다. 이런 웅변술보다 더 청중을 주눅들게 하는 것은 없다. 저항하면서도 행여 배반자 혹은 공범으로 보일까 그들은 두려워한다.

　조금 전 말했듯이 이 특수한 웅변술은 모든 의회를 지배했다. 더구나 혼란한 때일수록 그러한 경향은 뚜렷해졌다. 이런 관점에서 대혁명 시기 의회를 구성하던 위대한 웅변가들의 연설문을 읽는 것은 꽤나 흥미로운 일이다. 그들은 범죄를 비난하거나 미덕을 찬양하기 위해 매번 잠시 연설을 멈춰야 한다고 믿었으며, 폭군들을 향해 저주를 퍼부었고, 자유롭게 살 수 없다면 죽음을 택하겠노라고 맹세하곤 했다. 그때마다 좌중은 자리에서 일어나 열렬히 환호하고는, 곧 마음을 진정시키고 제자리에 앉았다.

　이따금 지적이고 교양을 갖춘 선동가가 나타나기도 하지만, 대개의 경우 이러한 요소는 그에게 장점이기보다는 단점이 된다. 사물의 복잡한 측면을 지적하고 설명과 이해를 가능케 하면서 지성은 언제나 사람을 관대하게 만들 뿐 아니라 전도자에게 요구되는 신념의 폭력성과 강도를 약화시킨다. 모든 시대의 위대한 선동가들, 특히 프랑스 혁명의 주동자들은 눈물겨우리만큼 아둔한 이들이었고, 그 중에서도 지적 능력이 가장 떨어지는 사람들이 누구보다 막강한 영향력을 행사하였다.

그 중 가장 유명한 로베스피에르의 연설들은 흔히 그 비일관성으로 말미암아 우리를 경악케 한다. 그것들을 읽으면서 이 강력한 독재자가 수행한 엄청난 역할에 고개 끄덕일 만한 그 어떤 적합한 이유도 발견할 수 없을 것이다.

"공격에서나 수비에서나 '올 테면 와 봐!'를 외쳐대는 초등학생들과 같은 수준에 만족하는 듯한, 평범하기보다는 차라리 유치한 영혼에 의해 사용되는 라틴 문화와 교육학 웅변술의 진부한 표현들, 그리고 군말들. 사상도, 기교도, 특징도 없는 폭풍 속의 무료함이다. 이 맥 빠지는 읽기를 끝마치면서 우리는 친절한 카미유 데물랭(Camille Desmoulins, 1760-1794, 프랑스 혁명기의 정치가, 언론인. 1792년 7월 12일 팔레-루아얄에 군집한 민중을 향한 선동연설로 유명해짐. 말을 더듬는 버릇이 있었음 — 역주)의 '휴우 …'를 내뱉고 싶어진다."

극단적으로 편협한 사고와 결합된 강한 신념이 위엄을 지닌 사람에게 부여하는 권력을 생각하면 가끔씩 등골이 오싹해진다. 그러나 장애를 딛고 뭔가를 갈망하기 위해서는 이런 조건들이 필요하다. 군중은 이 기운 넘치는 신봉자들 가운데 언제나 자신들에게 요구되는 지도자가 있음을 본능적으로 깨닫는다.

의회 연설의 성공은 거의 유일하게 연설가가 발산하는 위엄에 달려 있으며, 결코 그가 제시하는 추론들에서 비롯되지 않는다. 또 가장 확실한 증거는 어떤 이유로 위엄을 잃어버린 연설가는 동시에 모든 영향력 ― 다시 말해 자신이 원하는 방향으로 표심을 이끌 힘 ― 을 잃게 된다는 것이다.

탄탄한 논거들로 ― 그런데 오직 그것만으로 ― 구성된 연설문을 준비하여 연단에 오르는 무명 연사의 발언은 경청될 기회조차 얻지 못한다. 과거 하원의 구성원이었던 데퀴브(Descubes)는 위엄을 갖추지 못한 의원의 모습을 다음과 같이 묘사했다.

『그는 연단에 올라 자리 잡은 후, 서류가방에서 자료를 꺼내 정연하게 펼쳐 놓고는 자신 있게 입을 연다.

자기 자신을 고취시키는 그 신념을 청중의 영혼에도 불어 넣을 수 있으리라 은근히 기대한다. 준비한 논거들을 거듭 되새기며, 수치와 증거들로 중무장한 자신이 옳다고 확신한다. 이토록 명백한 사실 앞에서 그 어떤 저항도 헛된 것이리라. 자신의 정당성, 그리고 오직 진실에 따르기만을 바라고 있을 동료들의 지지를 믿으며 연설을 시작한다.

그는 말한다. 그리고 얼마 지나지 않아 회의장 안의 움직임에 놀라고, 점점 커지는 웅성거림에 신경이 거슬린다.

왜 이리 소란스럽지? 왜 다들 집중하지 않는 거야? 저 쪽에서 떠드는 사람들, 대체 무슨 생각을 하는 걸까? 저기 저 인간은 당장 자리를 뜰 만큼 급한 일이라도 있는 건가?

그의 이마 위로 염려의 기색이 스친다. 눈썹을 찡그리더니 멈춘다. 의장의 격려로 목소리를 좀 높여 다시 말하기 시작한다. 연설은 더욱 더 외면당한다. 어조에 힘을 준다. 주변의 소음은 더 커지고, 그는 안절부절 못한다. 이제 자기 말도 잘 들리지 않아, 다시 한 번 멈춘다. 자신의 침묵이 '폐회'를 요구하는 유감스런 외침을 유발시킬까 두려워 더욱 격렬하게 말을 잇는다. 소란은 더 이상 참을 수 없는 것이 되어버린다.』

어느 정도 고조된 흥분의 열기에 빠진 의회는 보통의 비균질적 군중과 같아진다. 따라서 그들의 감정 또한 늘 극단적이라는 성격을 드러내며, 그들은 가장 위대한 영웅적 면모를 보이거나 형편없이 과격해진다. 사적 이익에 반하는 조치들에 찬성표를 던질 만큼 그들 각자는 모두 본래의 자아를 잃는다.

의회가 얼마만큼이나 무의식적으로 변할 수 있으며, 어떻게 자신들의 이익과 가장 상충하는 암시에 복종할 수 있는지 대혁명의 역사는 보여준다. 특권을 포기하는 것은 귀족들에게는 엄청난 희생이었다. 그러나 그 유명한 입헌의회의 밤에 그들은 주저 없이 그렇게 했다. 국회의원 면책특권을 없애는 것은 그들에게 끊임없는 죽음에의 위협이었다. 그러나 그들은 오늘 동료를 떠나보낸 공개 처형대가 내일 자신들에게 예약되어 있음을 알면서도 목숨을 잃을까 겁내지 않았고, 기꺼이 권리를 포기했다. 그 어떤 동기도 의원들로 하여금 그토록 완벽하게 자신들을 마취시켜 무의식적 행동으로 몰고 간 암시에 굴복하는 것을 막지 못했다. 빌로-바렌(Jean Nicolas Billaud-Varennes, 1756-1819)의 회상록 중 다음 구절은 이 지점에 있어서 완벽한 전형을 제시한다.

"사람들이 그토록 우리를 비난하는 결정들은 대개 우리 자신도 하루 이틀 전에는 원치 않았던 것들이다. 오직 위기만이 그것을 부추겼다."

그 무엇도 이보다 더 정확할 수는 없다. 국민공회(1792-1795)에서 진행된 모든 격동적 회의 중에도 이러한 무의식적 행동들이 나타났다. 텐은 다음과 같이 말했다.

"그들은 스스로가 두려워하는 것 — 어리석음이나 광기뿐 아니라 범죄, 결백한 이들 및 동지들에 대한 살인 — 을 승인하고 결정한다. 열렬한 환호와 함께 만장일치로, 우파와 결합한 좌파는 자신들의 수장이자 대혁명의 주동자이며 지도자인 당통을 단두대로 보낸다. 역시 만장일치로, 힘찬 박수를 보내며, 좌파와 연합한 우파는 혁명 정부 최악의 법령들에 찬성표를 던진다. 경의와 열광을 드러내는 탄성과 함께 또 다시 만장일치로 콜로 데르부아(Collot d'Herbois), 쿠통(Couthon), 로베스피에르에 대한 열렬한 지지를 표하며 국민공회는 자발적이고 다중적인 재선을 통해 평원당과 산악당 모두가 증오했던 살인 정부를 유지시킨다. 평원당과 산악당, 다수와 소수는 결국 서로의 자멸 행위를 돕는 데에 합의한다. 목월(프랑스 혁명의 아홉째 달 — 역주) 22일, 국민공회 전체가 사형 집행인의 손에 목숨을 맡겼다. 열월(프랑스 혁명의 열한 번째 달 — 역주) 8일, 로베스피에르의 연설 초반 15분 동안 그들은 또 다시 목을 내놓았다."

우울한 장면처럼 보일 수 있지만 이 묘사는 정확하다. 충분히 격앙되고 마취에 빠진 의회는 이와 같은 특징을 보인다. 자극에 따라 움직이는 동물의 무리가 되어버리는 것이다. 〈문학평론 Revue littéraire〉에 실린 스퓔러(Spuller)의 ― 민주주의에 대한 그의 신념을 의심할 수는 없으리라 ― 글 속에 그려진 1848년 의회의 모습은 매우 전형적이다. 눈 깜짝할 사이에 극단적 정서를 오가는 그들에게서 군중의 특성인 감정의 과장 및 과도한 유동성을 찾아볼 수 있다.

『불화, 시기, 의심, 그리고 맹목적 신뢰와 무한한 희망이 잇달아 공화당을 패배로 이끌었다. 그들의 순박함과 천진함에 맞설 만한 것은 세계에 대한 그들의 불신뿐이었다. 준법정신도, 규율에 관한 이해도 없었다. 무제한적 환상과 공포. 농민과 아이는 이 점에서 흡사하다. 그들은 평온한 만큼 조급하며, 야생적인 동시에 온순하다. 이는 성숙하지 못한 기질 및 교육 결핍의 소치이다. 그 무엇도 그들을 놀라게 하지 않으나, 모든 것이 그들을 언짢게 한다. 영웅처럼 용감하게 그들은 화염 속에 몸을 던질 것이고, 그림자 앞에서도 떨면서 움찔 뒤로 물러날 것이다.

사물 간의 관계나 결과에 대해 그들은 전혀 모른다. 쉽게 흥분하는 만큼 순식간에 낙담하고, 모든 공황 상태에 예속되며, 늘 넘치거나 모자랄 뿐 결코 적합한 선이나 적절한 한도를 지키지 못한다. 물보다 더 유동적인 그들은 모든 색을 반사하고, 모든 형태를 취한다. 어떻게 그들 안에서 정부의 기초가 다져지기를 바랄 수 있었겠는가?』

다행히도 의회의 이러한 특성이 지속적으로 표출되는 것은 아니다. 그들은 특정한 순간에만 군중이 된다. 의원들은 대개의 경우 자신의 개인성을 보존할 줄 알며, 이런 이유로 의회가 훌륭한 기술적 법률들을 만들어낼 수 있는 것이다. 그러나 이 법률들은 그 분야의 전문가가 사무실의 정적 속에서 홀로 준비한 것이므로, 비록 의회에 의해 채택되었다 할지라도 사실상 의회보다는 개인의 업적이다. 필연적으로, 이러한 법률들이 가장 좋다. 여기에 엉뚱한 수정안들이 덧붙여져 집합적인 성격을 띨 때 비로소 이 법률들은 끔찍해진다. 군중이 한 일은 언제, 어디서나 고립된 개인의 성과물보다 열등하다. 지나치게 미숙하고 무질서한 조치들로부터 의회를 구하는 이들은 바로 전문가들이다. 이 때 전문가는 일시적 선동가이다. 의회가 그를 지배하는 것이 아니다. 그가 의회에 영향력을 행사한다.

이 모든 난점에도 불구하고 의회는 민중이 스스로를 통치하기 위해, 그리고 무엇보다 개인적 폭압의 굴레로부터 최대한 벗어나기 위해 발견한 최상의 제도이다. 의회는 최소한 철학자, 사상가, 작가, 예술가, 학자 등 한마디로 한 문명의 정점을 구성하는 모든 이들에게 있어서 아마도 이상적인 통치 방식일 것이다.

게다가 의회는 오직 두 가지의 심각한 폐단을 드러낼 뿐이다. 하나는 어쩔 수 없는 자금 낭비, 다른 하나는 개인적 자유의 점진적 제한이다.

첫 번째는 유권자들의 요구 및 빈약한 통찰력에서 비롯된 불가피한 결과다. 어떤 의원 하나가 민주주의 사상을 피상적으로 만족시키는 ─ 이를테면 모든 노동자들에게 퇴직 연금을 보장한다든지, 도로 보수 인부들이나 교원들의 급여를 올린다든지 하는 ─ 정책을 제안하면 다른 의원들은 유권자들을 두려워하는 마음에 감히 그 제안에 반대하지 못할 것이다. 시민의 이익을 경시하는 듯 비춰질까 우려하여 반대 입장을 취할 엄두조차 내지 못할 테니 말이다. 비록 이 정책들이 예산을 심히 무겁게 만들 것이고, 필연적으로 새로운 세금을 신설해야 할 것이라는 사실을 잘 알고 있는 그들이지만 투표에 앞서 주저하는 일은 결코 불가능하다. 지출 증대의 악영향은 먼 훗날에나 드러날 것이고, 또 그 자신에게 언짢은 결과를 갖고 오지 않지만, 그가 반대표를 던질 경우 입게 될 피해는 언젠가 다시 유권자들 앞에 서야 할 그 날 명백하게 나타날 것이기 때문이다.

지출을 증가시키는 첫 번째 이유와 더불어 그만큼 강제적인 또 다른 이유가 있다. 지극히 국부적인 이익을 위한 지출을 모두 승인해야 하는 의무가 그것이다. 의원들은 이에 반대할 수가 없다. 왜냐하면 이는 유권자의 요구를 반영하는 것일 뿐 아니라 동료들의 유사한 요구에 응한다는 조건 하에서만 자신의 지역구를 위해 필요한 것 또한 획득할 수 있기 때문이다(주 ─ 1895년 4월 6일자 〈이코노미스트 l'Economiste〉지에는 1년 동안 순전히 선거에서의 이익을 위한 전략적 지출, 특히 철도에 들어가는 지출이 얼마나 되는지를 보여주는 흥미로운 리뷰를 내놓았다. 3,000명이 거주하는 산간 도시 랑게(Langayes)를 퓌(Puy)와 연결하기 위해 철도를 만들면서 들어가는 돈이 1,500만 프랑, 보몽(Beaumont, 3,500명 거주)을 카스텔 사라쟁(Castel-Sarrazin)과 잇기 위해 700만 프랑, 우스트(Oust, 523명 거주)를 젝스(Seix, 1,200명 거주)와 잇기 위해 700만 프랑, 프라드(Prades)를 올렛트(Olette)의 작은 마을(717명 거주)과 잇기 위해 600만 프랑 등 1895년 한 해에만 수천 만 프랑을 들여 보편적 공익과는 상관없는 철도를 건설하는 법안들이 통과되었다. 이 밖에도 단지 각 선거구들의 필요에 의해 지출되는 비용은 적지 않다. 노동자 퇴직 연금에 관한 법률 또한 머지않아 재정부에 따르면 1억6,500만 프랑, 르로아 볼리외(Leroy-Beaulieu) 아카데미에 따르면 8억 프랑이 들 것으로 예상된다. 이러한 지출이 계속 늘어난다면 파산이라는 결말을 가져오리라는 건 자명하다. 유럽의 많은 나라 ― 포르투갈, 그리스, 스페인, 터키 ― 는 벌써 그러한 지경에 이르렀으며, 다른 나라들도 얼마 안 있어 꼼짝없이 같은 처지에 놓이게 될 것이다. 그러나 지나치게 염려할 필요는 없다. 왜냐하면 이미 여러 나라의 국민들이 별 저항 없이 차례로 배당권의 80% 인하 조치를 받아들였기 때문이다. 그러므로 이렇게 기발한 파산은 병든 예산을 순식간에 정상적으로 회복시킨다. 전쟁, 사회주의, 경제적 갈등은 우리를 위해 또 다른 재앙들을 마련해두고 있지만, 지금 우리가 살고 있는 전 지구적 해체기에는 당장 손이 미치지 않는 미래에 대해 지나치게 걱정하지 말고 그날그날 사는 데에 만족해야 한다).

두 번째 폐단은 의회에 의한 자유의 제한인데, 비록 확연히 눈에 띄지는 않지만 명백한 사실이다. 이는 개인의 행동에 제재를 가하는 수많은 법률들의 결과인데 얄팍한 통찰력으로 앞을 내다보지 못하는 의원들은 그저 찬성해야 한다는 의무감에 이러한 법률에 찬성표를 던진다.

이는 피할 수 없는 위험임에 틀림없다. 왜냐하면 의회 제도의 가장 완벽한 전형으로서 한 구역의 대표자가 해당 선거구의 유권자들로부터 가장 독립적인 영국조차 그것으로부터 벗어날 수 없었기 때문이다. 허버트 스펜서는 이미 오래된 연구에서 표면적 자유의 확대는 실질적 자유의 감소를 수반한다는 것을 밝힌 바 있다. 그는 최근 출간된 〈개인 대 국가 The Man versus the State, 1884〉에서 같은 주제를 다루며, 영국 의회에 관한 자신의 견해를 다음과 같이 피력하고 있다.

"그 때 이후로 법제(法制)는 내가 지적했던 흐름을 따라갔다. 독재적 법안들은 급속히 확산되면서 지속적으로 개인의 자유를 제한하는 경향을 보였는데, 이는 두 가지 방식으로 진행되었다. 해가 거듭될수록 늘어나는 법규들은 시민들로 하여금 과거에는 순전히 자신의 뜻대로 할 수 있었던 ─ 원치 않는다면 안 할 수도 있었던 ─ 행위들을 반드시 수행해야만 하는 의무를 지게 했다. 동시에 점점 무거워지는 지역적 국세 부담은 개인이 원하는 방식으로 지출할 수 있는 이윤의 범위를 줄이는 대신 세금으로 거두어져 공무원들의 구미에 맞게 사용될 부분은 늘림으로써 사적 자유를 더욱 더 한정하였다."

자유의 점진적 제한은, 허버트 스펜서가 명시하지는 않았지만 수없이 많은 법적 조치의 신설이라는 특수한 형태로 모든 나라에서 발견된다. 이 법규들은 대개 한정적 성격을 띠며, 필연적으로 그것의 적용을 담당할 공무원의 수를 늘리고 영향력을 확대시킨다. 그들은 이렇게 점차적으로 문명국가의 진정한 주인이 되어가고 있다. 끊임없는 권력의 변화 안에서도 꿋꿋하게 그 영향을 받지 않는 행정공무원 집단은 면책특권, 비개인성, 영구성을 지닌 유일한 카스트이기에 더욱 강한 위세를 떨친다. 이 세 가지 성격을 두루 갖춘 독재보다 더 위압적인 독재는 없다.

삶의 소소한 일들까지도 가장 비잔틴적인 형식들로 구속하는 이러한 법률과 규칙들의 끊임없는 생성은 시민들이 자유롭게 운신할 수 있는 영역을 점점 더 축소시키는 치명적 결과를 낳는다. 법규들이 늘어날수록 평등과 자유는 더 확고히 지켜질 거라는 환상의 희생양이 되어, 국민들은 날마다 더 무거운 족쇄를 받아들인다.

그들이 아무런 손해도 보지 않고 법규를 수용하는 것이 아니다. 속박에 익숙해진 그들은 급기야 그것을 추구하기에 이르고, 결국 모든 에너지와 자발성을 잃고 만다. 이제 그들은 의지도, 저항력도 없는 무의미한 그림자, 수동적인 꼭두각시에 지나지 않는다.

자기 안에서 더 이상 행위의 동력을 발견하지 못하는 인간은 어쩔 수 없이 외부에서 그것을 찾게 된다. 시민들의 무관심과 무기력이 점점 증대될수록 정부의 역할은 더욱 커지게 마련이다. 정부는 개인이 잃어버린 자발성, 기획력, 추진력을 반드시 드러내야 한다. 모든 것을 기획하고 이끌고 보호해야 하는 정부는 그리하여

전지전능한 신이 된다. 그러나 경험은 이런 신들의 권력이 결코 오래 가지도 않으며, 별로 강하지도 않다는 것을 가르쳐준다.

국민으로 하여금 자유를 갖고 있다는 환상을 품게 만드는 피상적 허용에도 불구하고 그들의 자유가 점진적으로 제한되는 것은 정치 체제에서 비롯된 결과일 뿐 아니라 그만큼 국민이 노쇠했기 때문이기도 한 듯하다. 이는 지금껏 어떤 문명도 벗어나지 못한 퇴락기의 징조 중 하나이다.

과거의 교훈과 사방에서 발현되는 전조들로 비춰볼 때, 현대의 여러 문명은 데카당스(Décadence) 직전의 극단적 노후 단계에 와 있다. 이러한 시기가 역사 속에서 그리도 흔히 반복되는 것을 보면 진화 과정의 특정 국면을 맞는 것은 모든 민족에게 숙명인 듯하다.

문명 진화의 일반적 단계들을 간략하게 기록하기는 쉽다. 그것을 요약하면서 이 책을 끝맺을까 한다.

우리 이전에 존재했던 문명들의 영광과 퇴락의 기원을 개략적으로 고찰할 때 무엇이 보이는가?

문명의 여명기에 이민, 침략, 정복이라는 우연으로 엮인, 출신이 다른 한 무리의 인간들이 있다. 핏줄도, 언어도, 종교도 다른 이들의 공통점은 단 하나, 반쯤 인정된 우두머리의 권력 하에 있다는 것뿐이다. 이 어수선한 혼합체 안에서 군중의 심리적 특징들은 가장 극렬한 양상을 띤다. 일시적 응집력, 영웅심, 의지의 유약함, 충동, 폭력성. 모든 것이 불안정하다. 그들은 야만인이다.

그리고 시간이 자신의 작품을 완성한다. 동일한 환경, 반복되는 교배, 공동 생활의 요구들이 서서히 영향력을 행사하고, 혼합체를 이루는 상이한 개체들은 서로 섞여 하나의 민족을 형성하기 시작한다. 민족은 공통된 감정과 특징을 지닌 집성체로서 이러한 속성들은 유전에 의해 점진적으로 고착된다. 군중은 민족이 되고, 이들은 야만을 벗어날 것이다.

그럼에도 불구하고 그들은 오랜 노력과 끊임없이 반복되는 투쟁, 그리고 수없는 재기 끝에 이상을 획득한 연후에야 비로소 완벽하게 야만으로부터 빠져나오게 되리라. 이 이상의 본질이 어떠하든 중요치 않다. 로마의 종교든, 아테네의 힘이든, 알라의 승리든 형성 중인 한 민족의 모든 구성원들에게 감정과 사상에 있어서의 완벽한 일체감을 부여하기엔 충분할 것이다.

바로 이때, 제도와 신념과 예술을 갖춘 새로운 문명이 탄생할 수 있다. 꿈을 추구하는 가운데 민족은 찬란함과 힘, 그리고 영광을 주는 모든 것을 차례로 획득할 것이다. 물론, 때때로 이들은 여전히 변함없는 군중으로서의 면모를 보일 테지만, 유동적이고 가변적인 군중의 성격 뒤에 민족혼이라는 견고한 기반이 자리 잡아 그들의 진폭을 제한하고 우연을 조정할 것이다.

그러나 창조 행위를 마친 후, 시간은 신도 인간도 면할 수 없는 파괴 작업에 착수한다. 어느 정도 강력하고 복잡한 수준에 다다른 문명은 성장을 멈추며, 바로 그 순간, 머지않아 사그라질 운명에 처하게 된다. 노년기가 다가오는 것이다.

누구도 피할 수 없는 이 시기에 이제껏 민족혼을 지탱해오던 이상의 약화가 현저히 눈에 띈다. 모든 것의 원동력이었던 이상이 흐릿해짐에 따라 종교적, 정치적, 사회적 토대들이 흔들리기 시작한다.

　　이상은 점차 소멸되어가고, 한 민족은 그들의 연대의식, 일체성, 그리고 힘의 원천이 되던 것을 점점 잃어간다. 개인의 인격과 지성은 성장할 수 있지만 동시에 기개의 쇠약과 행동력 감퇴를 수반한 개인적 이기주의 또한 과도하게 발달하여 민족의 집단적 이기주의를 대체한다. 한 민족, 일체, 집단을 이루던 것은 결국 연대감 없는 개인들의 혼합체로 변하여 당분간 기존 전통과 제도들에 의해 억지로 유지된다.

　　바로 이 때, 사적 이익과 욕구에 의해 분열된 인간들은 더 이상 스스로를 통치하지 못하고 자신들의 일거수일투족이 조종되기를 원하며, 국가는 강한 흡인력을 발휘하여 그들을 장악한다.

　　오랜 이상을 완전히 잃어버리면서 민족은 그 영혼마저 송두리째 상실한다. 이제 철저히 고립된 수많은 개인들에 지나지 않는 그들은 애초의 상태, 즉 군중으로 돌아가 온통 우유부단하고 일시적인 기질들을 드러낸다. 문명은 더 이상 아무런 고정성도 지니지 않으며, 모든 우연에 좌우된다. 천민이 통치하고 야만(野蠻)이 전진한다. 과거의 긴 세월이 빚어낸 외양 덕에 문명은 여전히 빛을 발하는 듯 보이지만, 사실 그것은 이제 아무런 버팀목도 지니지 못한 채 한 차례 태풍만으로도 무너져버릴 노후한 골조일 뿐이다.

하나의 꿈을 좇아 야만에서 문명으로 이동한 후, 그 꿈의 효력이 다하자 곧 쇠퇴하여 몰락하고 마는 것. 이것이 바로 한 민족의 생애 주기이다.

　　부르주아 가정에서 태어난 의사이자 여행가이며 인류의 역사, 문명 및 민족의 발달에 관심을 기울인 독학자였던 귀스타브 르 봉(Gustave Le Bon, 1841-1931)은 1895년 〈군중심리 Psychologie des foules〉를 내놓으면서 멸시와 경계의 마음을 담아 '군중의 시대'를 선언한다.

　세상을 통치할 새로운 힘, 역사상 그 어느 권력자보다도 더 큰 위력을 지닐 '군중(foule)'이라는 존재. 여기서 군중은 어쩌다 우연히 한 자리에 모이게 된 인간들의 무리가 아니다. 모종의 암시(suggestion)를 흡수한 후 반복(répétition)과 전염(contagion) 기제를 통해 그것을 공유하여 동일한 방향성을 지니게 된, 정신적으로 통일된 단일체가 바로 르 봉이 말하는 심리적 군중(foule psychologique)이다. 이는 개별 구성원의 개성 혹은 지적 능력의 총합과는 상관없는 전혀 새로운 유기체로서, 오직 집단적 본능과 무의식에 지배된다.

　따라서 군중에 속한 개인은 원시인의 상태로 되돌아가며, 비판적 사유나 이성적 판단으로부터 멀어진다. 또한 다수에 속해 있다는 사실은 그로 하여금 형언할 수 없는 든든함을 느끼게 하고, 여기에 더해진 익명성은 그를 책임의식으로부터 해방시키는 동시에 그에게 암시된 어떤 행동이든 실행에 옮길 수 있는 용기를 부여한다. 초보적 관념과 이미지가 불러일으키는 환상을 좇아 민감하게 반응하고 유동적으로 움직이는 군중은, 자연히 지적으로는 개인보다 열등하지만 정서적으로는 우월한 힘을 발휘한다.

감정에 기반을 둔 행위에 있어서 도덕성의 극과 극을 오갈 수 있는 그들에겐 잔인한 학살도, 고결한 희생도 가능한 것이다. 이 책의 곳곳에서 저자는, 개인의 손익을 셈하거나 몸을 사리지 않고 모든 사회적 격변의 주체가 되었던 군중이야말로 인류 역사 발전의 원동력이었음을 거듭 환기시킨다.

르 봉의 군중을 논하며 간과할 수 없는 점 중 하나는 선동가의 필수 불가결성이다. 강력한 암시 하에서 무엇이든 할 준비가 된 군중을 앞에 두고, 선동가는 이미지와 말로써 그들을 동요시킨다. 군중을 사로잡고자 한다면 무엇보다도 그들에게 쉽게 침투할 수 있는 자극적 이미지와 어휘들을 적절히 선택하여 반복적으로 활용할 줄 알아야 한다. 사유하지 않는 군중을 논리적 주장으로 설득할 수는 없다. 이 때문에 선동가에게는 청중의 마음을 간파하여 그 때 그 때 알맞은 표현을 구사하면서 그들을 휘어잡을 수 있는 웅변술이 요구된다. 그런데, 이러한 말이나 이미지에 앞서 단번에 군중을 장악하는 힘이 있으니, 바로 개인의 위엄(prestige)이다. 이는 우리가 흔히 카리스마라고 일컫는 것으로서, 불가해한 만큼 강한 영향력을 행사하여 특별한 노력 없이도 군중으로부터 경외감과 순종을 이끌어낸다.

한편, 군중심리에 관한 최초의 연구서이며 사회심리학의 고전이라는 가치를 지님에도 불구하고 이 책은 많은 부분에서 결점을 드러내고 있다. 우선 저자 개인의 태생적 한계이기도 한 반민중적 잣대에 치우친 분석들, 감정적인 표현들, 과학적 중립성이 결여된 견해들을 들 수 있다.

또한, 무상의무교육을 통해 대중에게 학식이 보급되는 것을 비판하면서, 한 개인이 사회 및 체제와 자신이 처한 계급적 조건에 대해 부정적 시각을 갖게 되는 것을 의무교육의 폐단이라 한 점은 저자의 보수적 성향을 드러내는 예이다. 또 문학, 과학, 예술 등 문명의 제반 요소를 창조한 이들은 소수의 고매한 지성이었다고 말하는 그에게서 엘리트주의적, 귀족주의적 경향을 발견하는 것도 어려운 일이 아니다.

친(親)앵글로색슨적인 태도에 입각하여 한 민족이 다른 민족보다 우월하다는 전제 하에서 민족성을 분석하는 그의 편협한 관점 또한 짚고 넘어갈 부분이다. 그러나 귀스타브 르 봉이란 사람을 무슨 '주의자'로 단정 짓는 것은 매우 위험한 데, 하나의 대상에 대하여 모순적인 입장을 취하는 경우가 흔히 발견되기 때문이다. 이를테면, 군중은 오직 파괴적 능력만을 지녔을 뿐이라고 단언하면서도, 사회 진화와 문명 발달의 진정한 동인(動因)은 역시 군중이라고 누누이 강조하는 것 등이다.

게다가 자주 사용하는 단어의 개념 정의를 소홀히 한 점 역시 간과할 수 없는 부분이다. 예를 들어 'race'라는 단어의 1차적 의미는 인종이지만 저자는 라틴족과 앵글로색슨족을 서로 다른 'race'라고 하는 등 엄밀한 의미에서 인종보다는 민족의 개념으로 이 낱말을 사용하였다. 이때의 '민족' 또한 세습을 통해 전통을 공유하는 역사적 공동체로서, 생물학적 개념이라기보다는 문화적 개념으로 봐야 할 것이다.

하지만 적잖은 논리적 모순들과 방법론상의 문제들에도 불구하고 이 책이 처음 출판될 당시 선풍적 인기를 끌며 일종의 '문제작'으로 거론될 수 있었던 데에는 참신하고 확고한 주장과 단호하면서도 유려한 문체가 한 몫 했던 것으로 보인다. 그가 예로 제시하는 역사적 인물이나 사건들은 논리적 근거라고 보기엔 무리가 있음에도 그 자체로서 흥미롭게 읽힌다.

저자가 머리말에서 강조했던 것과는 달리 그의 연구는 탄탄한 방법론에 기반을 두고 있지 않지만 동시대인의 이목을 집중시키고 지적 욕구를 자극하기에 충분했던 것이다. 일례로 프로이트 (Sigmund Freud)의 논문 〈집단심리학과 자아분석(1921)〉은 르 봉의 군중심리 이론에 대한 비판적 해석을 기초로 하고 있다. 반면, 대중을 선동하는 방법과 기술에 대한 그의 탁월한 설명은 불행하게도 히틀러, 무솔리니 등 전체주의 독재자들에게 지대한 영향을 미친 것으로 알려져 있다.

그렇다면 21세기를 살아가는 우리에게 〈군중심리〉는 어떤 의미를 지닐까.

'군중의 시대'를 말하며 르봉이 진정으로 경계했던 것은 군중의 힘, 그 자체가 아니었다. 점점 더 확장되어가는 그 세력을 긍정적으로 이끌어 갈 '이상(idéal)'의 소멸이야말로 저자가 그 무엇보다 우려했던 점이다. 문명의 기반이 될 만한 보편적 신념의 부재는 퇴락의 전조요, 데카당스의 징후임을 그는 지적했다. 그 어느 때보다 비대하지만 역사의 발전을 견인하기에는 너무나 냉소적으로 변해버린 군중. 그리하여 실질적인 힘은 지니지 못한 채 혼돈 속에 함몰되어 우연적이며 피상적인 여론에 휩쓸리고 마는 군중. 다소 비관적이긴 하지만, 이는 분명 우리 시대 군중의 모습과 맞닿은 지점임을 부정할 수는 없을 것이다.

대중 매체의 발달과 보급, 인터넷의 확산, 소비의 증대 등 현대 사회를 거론할 때 빠지지 않는 이러한 요소들은 언뜻 사회 구성원들 간의 경계를 허무는 것처럼 보이지만 흔히 개인을 더욱 고립시키는 기제로 작용하지 않던가. 실시간 통신이 자유로운 만큼 의사소통 역시 활발해졌으나 빠르게 주고받는 말들, 급속히 퍼지는 생각들 속에서 우리가 진정으로 공유하는 것은 무엇일까. 신자유주의적 무한경쟁 속에서 꿈을 잃은 군중은 이제 자본의 논리를 좇으며, 시나브로 다 같이 혼자가 되어가는 것은 아닐까. 이상을 잃는 순간 민족은 영혼을 빼앗기며, 꿈이 사라지는 순간 문명은 몰락하고 만다는 르 봉의 글귀는 그리하여 여전히 곰곰이 새겨 읽을 만한 가치가 있는 것이다.

　군중을 지적 능력이 결여된 존재로 치부하며 경멸조로 언급하는 저자를 두고 '정치적으로 올바르지 않다'고 탓하기 전에, 이미지와 자극적 문구에 쉽게 경도되고 흥분하는 군중의 면모를 자각하면서 이 시대의 우리를 성찰해 보는 것은 어떨까. 앞뒤가 맞지 않는 거창한 공약에 현혹되고, 무엇보다 카리스마를 내뿜는 후보자를 지지하게 되는 것이 유권자의 심리라고 말하며 후보자의 언변을 강조하는 저자의 주장을 음미하다보면, 화술과 이미지로 포장된 후보자의 연설에 대해 오히려 경각심을 갖게 되지 않을까. 굳은 의지와 남다른 위엄으로 세기의 업적을 이뤄낸 레셉스를 칭송하는 르 봉의 문장들 사이로 과연 의지와 위엄만으로 그런 일이 가능한가를 의심해보는 것도 재미있는 일 아닌가. 결국 어떤 맥락에서 어떻게 읽느냐의 문제일 것이다.

　옮긴이가 나름의 정치적 관점을 지닌 한 사람의 독자로서, 개인적으로 다소 불편하게 느껴지는 구절들을 접하면서도 흥미를 잃지 않을 수 있었던 것 역시 한 발짝 떨어져서, 한 호흡 여유를 두고, 저자와의 거리를 유지하며 비판적으로 읽었기에 가능했던 일이다. 읽을 때마다 새로이 눈에 띄는 기발한 생각들을 붙잡아 우리의 과거, 현재, 미래에 대입시켜 상상해보는 묘미, 혹은 의미를 느끼면서. 사회과학적 방법론이란 측면에서의 결함과 이따금씩 도드라지는 논리적 비약에도 불구하고 이 책이 고전으로 분류되어 세계 각국에서 꾸준히 출판되는 까닭은 시대를 앞서가는 저자의 통찰력과 재치 넘치는 표현들, 탁월한 필력으로 독자를 사로잡으며 읽히고 또 읽히기 때문이리라.

　사족(蛇足). 르 봉이 말의 효과를 논하며 잠시 언급했듯 서로 다른 언어 간의 완벽한 번역이란 아예 불가능한 일일 것이다. 게다가 한 세기가 넘는 시간적 격차까지 더해졌으니 오죽하랴 싶은 마음에 탈고한 후에도 염려스런 마음이 가시지 않는다.

　또 매끄러운 우리말로 잘 다듬어내지 못하여 내심 아쉬운 것도 사실이다. 그러나 문장 하나하나마다 저자의 진의를 헤아리려 애쓰고, 최대한 원문의 논조를 살리려 정성을 기울였으니 읽으실 분들의 수고를 조금이나마 덜어드릴 수 있다면 더 바랄 것이 없을 듯하다. 이를 위해, 20세기 들어 저자가 직접 수정 보완한 〈Psychologie des foules〉(Paris, PUF, 1963)과 영문 번역판 〈The Crowd - A Study of the Popular Mind〉(New York, Dover Publications, 2002)를 참조했음을 아울러 밝혀둔다.

군중심리

초판 1쇄 인쇄   2008년 3월 25일
초판 1쇄 발행   2008년 4월 1일

지은이   귀스타브 르 봉
옮긴이   차예진
펴낸이   박영발
펴낸곳   W 미디어
디자인   이정애
등 록   제2005-000030호

주 소   서울 양천구 목동 907 현대월드타워 1905호
전 화   6678-0708
팩 스   6678-0309

ISBN 978-89-91761-19-3 03180
값 10,000원